この本の特色としくみ

本書は，中学の国語読解の内容を3段階のレベルに分け，ステップ式で学習できる問題集です。各単元は，Step1（基本問題）とStep2（標準問題）の順になっており，学習内容のまとまりごとにStep3（実力問題）があります。また，巻末には「高校入試 総仕上げテスト」を設けているため，入試本番に向けた実戦的な対策にも役立ちます。

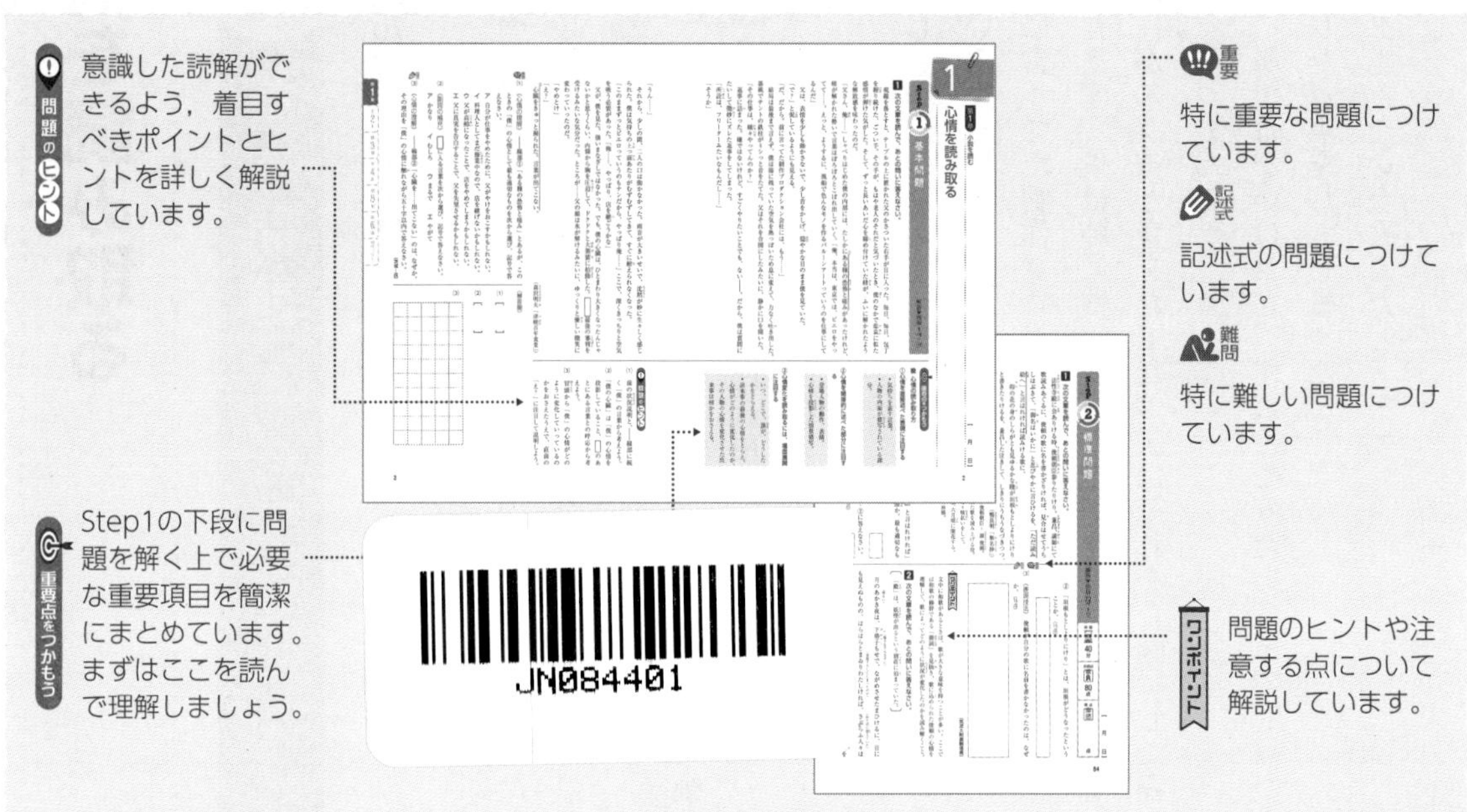

もくじ

1 心情を読み取る

【 月 日】

Step 1 基本問題

解答▼別冊 1ページ

1 次の文章を読んで、あとの問いに答えなさい。

視線を落とすと、テーブルの上に置かれた父のかさついた右手が目に入った。毎日、毎日、包丁を握り続けた、ごつい手。その手が、もはや老人のそれだと気づいたとき、僕のなかで悲哀に似た感情が弾けた気がした。そして、ずっと長いあいだ心を締め付けていた紐が、ふいに解かれたような解放感を味わったのだ。

「父さん、俺……」しゃべりはじめた僕の内部には、たしかに①［ある種の恐怖と痛み］があったけれど、紐が解かれた勢いで言葉はぽろぽろとこぼれ出していく。「俺、本当は、東京では、ピエロをやってて……。えっと、ようするに、風船で色んなモノを作るバルーンアートっていうのを仕事にしてるんだ」

父は、表情を少しも動かさないで、少し首をかしげ、穏やかな目のまま僕を見ていた。

「で？」と促しているようにも見える。

「だ、だから。前に言ってた制作プロダクション会社には、もう……」

結局は最後まで言えず、僕は肺に残っていた空気を熱っぽいため息に変えて、力なく吐き出した。暴風でテントの鉄柱がミシっと音をたてた。父はそれを合図にしたみたいに、静かに口を開いた。

「その仕事は、嫌々やってんのか？」

返事に詰まった。嫌ではないけれど、すごくやりたいことでも、ない――。だから、僕は質問にたいして微妙にズレた返事をしてしまった。

「所詮は、フリーターみたいなもんだし……」

「そうか」

重要点をつかもう

■ 心情の読み取り方

①心情を直接述べた表現に注目する

- 気持ちを表す言葉。
- 人物の内面が描写されている部分。

②心情を間接的に述べた部分に注目する

- 登場人物の動作、表情。
- 心情を投影した情景描写。

③心情変化を読み取るには、場面展開に注目する

- いつ、どこで、誰が、どうしたかをとらえる。
- 出来事の前後の心情をとらえ、心情がどのように変化したのか、その人物の心情を変化させた出来事は何かをおさえる。

「うん……」

それから、少しの間、二人の口は動かなかった。雨音が大きいせいで、沈黙が妙に生々しく感じられた。僕は気持ちの上っ面あたりがむずむずしてきて、すぐに耐えられなくなった。

「このままずっとピエロっていうのもナンだから、やっぱり俺……」ここで、深くきっちりと空気を吸う必要があった。「俺……、やっぱり、店を継ごうかな」

父が、僕を見た。強いまなざしではなかった。でも、僕の心臓は、ひとまわり大きくなったんじゃないかと思うくらい、内側から胸を圧迫して、ドクドクと大袈裟に拍動した。□最後の審判を受けるみたいな気分だった。ところが……父の顔は氷が解けるみたいに、ゆっくりと優しい微笑に変わっていったのだ。

「やめとけ」

「え?」
②心臓をきゅっと握られた。言葉が出てこない。
(森沢明夫「津軽百年食堂」)

問題のヒント

(1) 前の状況説明と、——線部に続く「僕」の言葉から考えよう。
(2) 「僕の心臓」は「僕」の心情を投影していること、□のあとにある言葉との呼応から考えよう。
(3) 冒頭から「僕」の心情がどのように変化していっているのかをおさえたうえで、直前の「え?」に注目して説明しよう。

重要 (1) 《心情の理解》——線部①「ある種の恐怖と痛み」とあるが、このときの「僕」の心情として最も適切なものを次から選び、記号で答えなさい。
ア 自分が仕事をやめたために、父がやけをおこすかもしれない。
イ 料理人としてまだ修業中なので、店を継げないかもしれない。
ウ 父が高齢になったことで、店をやめてしまうかもしれない。
エ 父に真実を告白することで、父を失望させるかもしれない。

(2) 《副詞の補充》□に入る言葉を次から選び、記号で答えなさい。
ア かなり　イ むしろ　ウ まるで　エ やがて

記述式 (3) 《心情の理解》——線部②「心臓を……出てこない」のは、なぜか。その理由を「僕」の心情に触れながら五十字以内で答えなさい。
〔茨城―改〕

〈解答欄〉
(1) [　　]
(2) [　　]
(3)

Step 2 標準問題

解答▼別冊1ページ

時間 40分

合格点 80点

得点 点

【 月 日】

1 次の文章を読んで、あとの問いに答えなさい。

明治の中頃、東京音楽学校に進学した瀧廉太郎は、楽器の専攻を決める時期にさしかかっていた。そのようなとき、欧米に留学し、バイオリンを学んで教授の肩書を得た幸田延が東京音楽学校に戻ってきた。

椅子から立ち上がった延は、預けていたバイオリンを受け取ると、廉太郎にピアノを勧めた。言葉に甘えて廉太郎がピアノの前に座り直し、鍵盤の上に指を伸ばすと、惚れ惚れとした口調で延は続けた。

「いい指をしている。長く力強い。可動域も広い」

「は、はあ」

「早く、弾いてみろ」

促されるがままに廉太郎は指を滑らせた。やはり曲はショパンの『夜想曲二番』。掌がじっとりと濡れている。唾を呑んで緊張を追い払いながら、曲に合わせて十本の指を鍵盤の上で躍らせる。冷や汗交じりに弾き終えたその時、延は、手を叩いた。

「君はなかなか体を動かすのが上手い」

①<u>何を言われているのか、よく分からなかった。</u>顔を見上げると、延は薄く微笑んでいた。

「楽器は音楽への理解力で弾きこなすものという誤解があるが、一番必要とされるのは、的確に体を動かし、姿勢を保持し、滑らかに体重を移動させる身体操作に他ならない」

子供の頃から体を動かすことが好きだった。まさか、こんなところで活きてくるとは思わなかった。

「瀧君。君は楽器の専攻は決めたか」

「いえ、実はまだ……」

「教師として言っておく」延は鋭い声を発した。「バイオリンは避けたほうがいい」

「なぜ、ですか」

当然の問いだった。そもそも延自身がバイオリンを専攻している。その人の言とはとても思えなかった。

②<u>延は一瞬だけ暗い顔を浮かべた。</u>その時、教師としての仮面が剥がれ、年齢相応の女性の素顔が覗いた気がした。だが、延はすぐにその表情を追い出し、元の硬い表情を取り戻した。

「君の同世代に途轍もないバイオリニストがいるが、あの子に巻き込まれてしまっては、君の芽が潰されかねないと思ってな。だから、君には別の道を歩いてほしい」

教師の顔に戻った延は、ケースの中からバイオリンを取り出した。飴色の胴がつややかに光るバイオリンは、学校に置いてある練習用のそれとは比べ物にならない品格を備えている。しかし、延もそれに負けぬ凛とした立ち姿をしていた。肩にバイオリンを乗せ、延は続けた。

「今、日本の西洋音楽はよちよち歩きをしているところだ。あまりに人材が足りない上、国の理解も薄い。今、東京音楽学校が＊高等師範学校付きになっているのは知っているだろう」

大きく頷くと、延はなおも続ける。

「師範学校の付属扱いは、国の西洋音楽への冷淡ぶりを如実に示している。現状を打破するためには、有望な人材に活躍してもらうしかない。――瀧君。君は、音楽は好きか。人生のすべてを懸けることができるほど」

人生のすべて。延の口からその言葉が滑り落ちた時、部屋の中の空気が一段重くなった。その意味を考えれば考えるだけ、空恐ろしくなったからだ。相手は日本の西洋音楽界を牽引するあの幸田延だ。この人を前に、軽々に口にできることなどありはしない。

喉から言葉が出ない廉太郎を見咎めるように、③延は皮肉げに口角を上げた。

「突然のことだ。致し方あるまい。だが、もし、君が人生すべてを音楽に懸けられると考えるのなら――。わたしが個人的にレッスンをしよう。南千住の橋場にわたしの家がある。休日は家で過ごしているから、その時に腕を見てやる。わたしの家に楽器は一通り揃っている」

その代わり、教えるからにはみっちりとやる。全身から気を立ち上らせながら、延はそう口にした。

（谷津矢車「廉太郎ノオト」）

＊高等師範学校＝中等教育の教員養成を目的とした官立学校。

(1) 《心情の理解》――線部①の理由として最も適切なものを次から選び、記号で答えなさい。(20点)

ア 演奏に集中し、楽曲の世界に入り込んでいたため、現実世界の延の言葉が耳に入ってこなかったから。

イ 延の言葉は、廉太郎がこれまでつちかってきた音楽や演奏に対する捉え方に当てはめられないものだったから。

ウ 体を動かすのが得意である廉太郎にとって、延の言葉はあまりに当たり前で、発言の真意が読めなかったから。

エ 演奏前に延に指を褒められ、指の動きに気を配って演奏したのに、延の言葉の中にその点への言及がなかったから。

重要 記述式 (2) 《心情の理解》――線部②の理由を文中の言葉を用いて四十字以内で答えなさい。(60点)

(3) 《心情の理解》――線部③の延の様子の説明として最も適切なものを次から選び、記号で答えなさい。(20点)

ア 同世代のバイオリニストの実力に遠く及ばない廉太郎が、自分の厳しいレッスンに耐え抜くことができるのか危ぶんでいる。

イ 自分の存在に圧倒されて言葉の出ない廉太郎をふがいなく思いつつ、廉太郎の未熟さに配慮し、なぐさめようとしている。

ウ 次代をになう素質を持つと期待するだけに、日本の西洋音楽界を背負う覚悟の定まっていない廉太郎をもどかしく思っている。

エ 音楽学校の学生にすぎない廉太郎に対し、音楽に人生を懸けることを求めた自分の性急さを抑制しようとしている。

〔兵庫―改〕

第1章 小説を読む

2 表現を読み解く

Step 1 基本問題

解答▼別冊 2ページ

1 次の文章を読んで、あとの問いに答えなさい。

勘平の密かな訓練は、あっさりバレた。

ことの起こりは捨て犬である。銀平が一太と学校の帰り道、子犬を見つけた。食堂を営む一太の家では飼うのを禁じられ、銀平の処ではなおさらである。

あきらめきれない銀平は、劇場の裏手にある防空壕の跡に子犬をつなぎひそかに餌を運ぶことに決めた。

ところで、勘平の稽古場も①ここだったのである。

落ちる扇を拾っては、くるくるさせている兄の姿に、銀平は目を見張った。

「にいちゃん、なんぼしよっとー？」

一番知られたくない相手に、勘平は見つかったのである。咄嗟には声も出ぬ勘平の扇を銀平は奪うように取った。新しい遊びを見つけたのである。

銀平は、たちまち熱中した。が、ひとしきり動かしてみると、あきた。

子犬にかまっている弟を見ている勘平の胸には、②むらむらと怒りが沸いてくる。自分が賭けていたものを横あいからひょいと奪い、あきると無造作に打ち捨てて見向きもしない。勘平は、自分の熱中を小バカにされた思いである。

「内緒にしといてくるるじゃろ？」

と子犬の頭をなでていた銀平が振り向いて、そういったとき、勘平はいった。

「親に隠しごとは、いけん」

背を向けて防空壕を出る兄に、銀平は、

重要点をつかもう

■ 表現の読み解き方

①情景の変化をとらえる
- いつ…年月、季節、時刻の変化。
- どこ…場所の変化。
- 誰…登場人物の変化。
- 何…景物・素材の変化。

②登場人物の心情とどのような関係があるかをとらえる
- 様子を表す言葉…明暗など心情を投影させた言葉に注目する。
- 表現の工夫…心象表現だけでなく、比喩や擬人法などにも注目する。

「頼むけん、一生のお願いじゃけん！」

だが勘平は振り返らなかった。

旅廻りに生き物はご法度＊だった。のみならず徳治たちには、人間一人さえ食うにこと欠いた記憶がなまなましくある。
③明日、どうなるかわからないのだ。徳治は理をわけて銀平を言いふくめ、捨ててくるようにいった。
口をへの字に結んで子犬を抱き上げようとすると、その手にじゃれかかり犬はグミほどの濡れた鼻先を押しつけてきた。

遠賀川の河原に子犬を置くと、子犬は銀平を見上げた。

その無垢＊な目を見たとたん、銀平の胸を感情が刺しつらぬいた。④自分でも思いがけない涙がせぐりあげた＊。


（井沢満「いちばん太鼓」）

＊ご法度＝禁じられていること。　＊無垢＝けがれがないこと。　＊せぐりあげた＝こみあげた。

問題のヒント

(1) 指示語の基本的な問題。まず直前に着目する。
(2) 直前に描かれた銀平の行動に対してどのような「思い」を抱いたのか読み取る。
(3) 傍線部が誰の感情なのかを考えよう。
(4) 涙は思いがけないものだったが、気持ちは一貫した動きをしている。

(1) 《指示内容の理解》——線部①とはどこのことか。文中から十五字以内で抜き出しなさい。

(2) 《心情の理解》——線部②のようになったのはなぜか。その理由のわかる部分を「……がしたから。」に続くように、文中から十五字で抜き出しなさい。

(3) 《状況の理解》——線部③とは、具体的にどんなことか。最も適切なものを次から選び、記号で答えなさい。
ア 別の土地に移動すること。　イ 食うに困ること。
ウ 死んでしまうこと。　エ 子犬にあきること。

記述式
(4) 《心情の理解》——線部④のときの銀平の心情を二十字以内で答えなさい。〔福井—改〕

〈解答欄〉
(1)
(2) がしたから。
(3) 〔　　〕
(4)

Step 2 標準問題

解答▼別冊 2ページ

時間 40分　合格点 80点　得点 点　【　月　日】

1 次の文章を読んで、あとの問いに答えなさい。

「この時間になると、けっこう涼しいね」

浩美はバッグを地面に置くと、律子の隣で同じようにその景色を眺めながら言った。

「うん、もうすぐ夏休みも終わりだしね」

急に緊張して、つばをごくりと飲み込む。

さあ、どんなふうに接したらファンよりも、もっと近い関係になれるだろう。

律子は遠くに見える自分のマンションと、そこにあるいびつなトライアングルを見つめながら、密かに意気込んだ。

「このあいだ、友達じゃないって言っておいてなんだけど……」

律子はゆっくりと、浩美のほうに顔を向けた。

「本当は私、いつもオーディションの結果とか気にしてもらえて、感謝してるんだよ」

浩美は、景色を眺めたまま、静かな面持ちで話していた。

「だけど、花火大会のとき、メールくれたじゃん？　①あれにけっこうムカついてたっていうか、それで、あんなこと言っちゃったっていうか……」

「メール？　私、なんか変なこと書いた？」

律子はあわててカバンの中から携帯を取り出すと、あのとき浩美に宛てた送信メールを開いた。

〈ハロー。今、浩美を橋の上から見かけたよ。私も、たっくんと来てるんだ。今年のたっくんの浴衣は笑えるよ。花火、楽しみだね。お互いに楽しもうね〉

律子は、特に変なことを書いているとは思えなくて、顔を上げた。

だけど浩美は、ぷいと律子から顔をそむけて言った。

「花火大会にひとりで来てるの目撃しておいて、なにがお互いに楽しもうねだよって思ったら、ムカついちゃってさ」

「だって、誰かと待ち合わせしてると思ってたから」

すると浩美は律子のほうにパッと顔を向けて言った。

「誰かって、誰？」

浩美の声が急にきつくなる。

「劇団の友達、とか、前のクラスのときの友達とか……？」

律子は②しどろもどろで答えた。

「そんなのいないし」

浩美が吐き捨てるようにそう告げるから、律子はとたんに気まずくなった。

「律子はさ、私のそういうとこ、知らないじゃん？」

そしてふたたび、律子から顔をそむけて言うのだ。

「いつもきいてくるのは、オーディションの様子とか、結果とか、子役時代のこととかばっかりで、それって私個人のことが知りたいわけじゃないよね」

ああ……。

「だから、□って思ってるんだよ」

律子はそこでようやく、③どうして浩美が腹を立てているのかわかった。

要するに、自分に興味がないのに、興味のあるふりはやめてくれということだ。

確かに、律子が浩美に訊ねるのはオーディションの結果ばかりで、毎日、どんなことを思い、考えているのか、浩美自身のことは知ろうとしたことがなかった。

そういう律子の態度が、ずっと、浩美のことを傷つけてきたのだ。

「ごめん」

律子は浩美のほうに身体を向けると、謝った。

「本当に、ごめんなさい」

そして、深々と頭を下げた。

「謝らないでよ」

そんな浩美の声が聞こえたけれど、律子はひたすら頭を下げつづけた。

「だったら、そのかわりさ……」

そしてそれはとても小さな声だった。

「私と、友達になってよ」

律子はその言葉に、ゆっくりと顔を上げた。

「ファンじゃなくて、友達になってください」

すると浩美もまた、律子のほうに身体を向けて、頭を下げていた。

「本当はこのあいだ、友達じゃないなんて言ってすごく後悔してて、だから、律子から自分のことを書いた長いメールが戻ってきたとき、すごく嬉しかったんだ」

しかも握手を求めるように、律子のほうに片手をのばしている。

「私で、いいの?」（草野たき「空中トライアングル」一部省略あり）

記述式 (1)《心情の理解》——線部①「あれに……ていうか」とあるが、どのようなことが不愉快だったのか、説明しなさい。（30点）

記述式 (2)《心情の理解》——線部②「しどろもどろで答えた」とあるが、なぜか。律子の心情を踏まえて答えなさい。（20点）

重要 (3)《状況の理解》□に入る言葉を、文中から抜き出しなさい。（20点）

記述式 重要 (4)《心情の理解》——線部③「どうして……わかった」とあるが、浩美が腹を立てていたのはなぜか、説明しなさい。（30点）

〔親和女子高〕

第1章 小説を読む

主題をつかむ

【　月　日】

Step 1 基本問題

解答▼別冊 2ページ

1 次の文章を読んで、あとの問いに答えなさい。

わたしは、木島さんにいわれるとおりに一生懸命に鏡を磨いたり、腰掛けを洗ったりした。もちろん実くんとおしゃべりしているひまなんかない。思っていた以上に、お風呂掃除は大変な作業だ。

ふと気がつくと、木島さんの姿が見えない。わたしは実くんのほうに近寄った。「木島さん、どこかに行っちゃったね。」「ぼくたちに掃除を任せてくれたってことかもしれないよ。」「やったね。大成功だね。」わたしと実くんは顔を見あわせて笑った。「木島さんが戻ってくる前にピカピカにしとこう。びっくりさせてやるんだ。」「うん。そうしよう。」わたしたちはうなずきあうと、それぞれの持ち場にわかれた。

掃除がすっかり終わるころには、わたしも実くんも汗びっしょりになっていた。こんなことをずっと一人でやっていたなんて、木島さんはなんてすごいんだろうか。「木島の湯」が古いわりにきれいで清潔なのは、木島さんのこうした毎日の努力があるからなのだ。ちょっとだけ木島さんを尊敬しちゃうなぁ。

脱衣所の壁にかけられた時計を見ると、十二時近かった。「おい、飯にするか。」ふりかえると、木島さんが立っている。<u>わたしと実くんは顔を見あわせた</u>。「なにをしている。はやく来い。」

わたしたちは木島さんの後をついて裏へ入っていった。木島さんの家は「木島の湯」の裏にあって、小さくていまにも壊れそうな家だ。家と銭湯のあいだには、廃材が山になっている。木島さんは一人暮らしだから、いつもじぶんでご飯をつくっているらしかった。

居間のたたみの上に小さなちゃぶ台が一つある。それを囲むように、わたしたちはきちんと正座をした。目の前には、ご飯と焼き魚と、黒い煮豆と、じゃがいものお味噌汁がならんである。さっ

重要点をつかもう

■ 主題の読み取り方

①小説の流れをとらえる

- 題材をおさえる
- 場面の展開をおさえる。
- クライマックス（山場）に主題があることが多いので、どこがそれにあたるかを見極める。

②登場人物の心情をとらえる

- 主人公の心情の変化とその原因を考える。
- クライマックスや結末がどのように描かれているかをおさえる。

③表現に注目する

- 作者が最も伝えたい部分には、表現の工夫が見られることが多い。登場人物の独白や語り手の詠嘆などに着目するとよい。

き姿を消していたあいだにこしらえたのかしら。

「食べなさい。」木島さんは一言そういった。

「いただきます。」わたしと実くんは黙ってそれを食べた。緊張のあまり味なんて分からない。こぼしたりしたら、またおでこのしわをひきつらせて怒りだすに違いないんだから。

緊張して箸がうまく使えない。あっ！　煮豆を落としちゃった。どうしよう。煮豆はちゃぶ台の上をころがって、木島さんの前までいってしまった。

わたしはその煮豆を見つめたまま呆然とした。すると、木島さんはその煮豆を箸で器用につまんで、ぱくりと口に入れてしまった。わたしはあっけにとられて、木島さんのしわだらけの口もとを見つめた。しばらくして豆を飲みこむと、木島さんはにっと笑った。

「うまいな、こりゃ。」

実くんがぷっとふきだした。木島さんは目じりを下げて、欠けた二本の前歯を見せて笑った。木島さんもこんなふうに笑うんだ。小さな男の子が笑うみたいに、こんなふうに笑うんだ。わたしも思わず笑ってしまった。

（藤巻吏絵「美乃里の夏」〈福音館書店〉）

問題のヒント

(1) 場面の変化と時間とは密接な関連がある。

(2) 木島さんがどのような人物として描かれているのかを読み取るのがポイント。

(3) 今までの木島さんの印象、風呂掃除で気づいたこと、食事の場面での発見の三点に着目してまとめよう。

重要 (1)《描写の読解》本文には、風呂掃除の場面から食事の場面への変化を暗示する「わたし」の何気ない動作を含んだ一文がある。その一文のはじめの五字を抜き出しなさい。

(2)《心情の理解》——線部の二人の説明として最も適切なものを次から選び、記号で答えなさい。

ア 木島さんが戻ってきてしまったことにがっかりしている。

イ 思いがけない木島さんの言葉にとまどっている。

ウ 木島さんが戻ってきてくれたことにほっとしている。

エ 予想通りの木島さんの言葉にうれしさを隠せないでいる。

記述式 (3)《人物像の理解》「わたし」は、本文を通じて木島さんをどのような人だと思うようになったか。以前から抱いていた印象も含めて七十字以内で答えなさい。〔静岡―改〕

〈解答欄〉

(1)

(2)［　　］

(3)

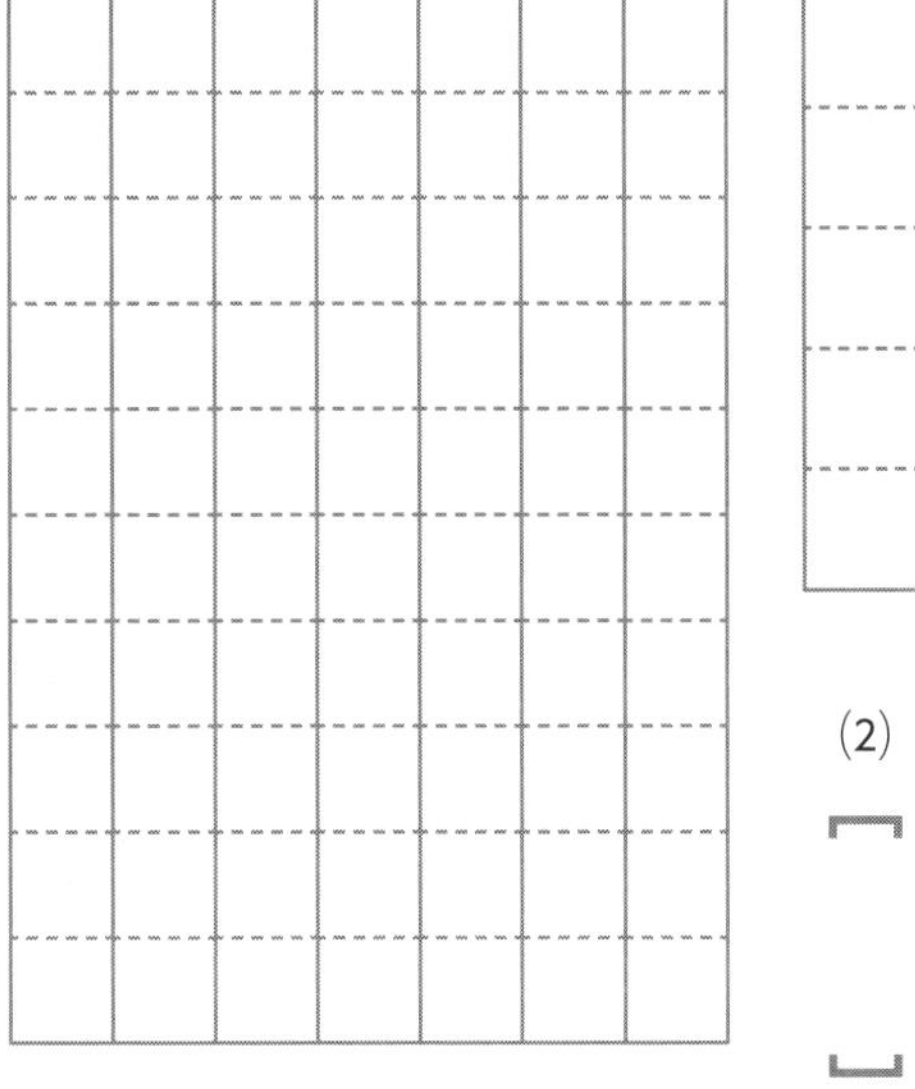

解答▼別冊3ページ

時間 30分　合格点 80点　得点 点

【　月　日】

1 次の文章は、家族四人――父親、母親（澄子）、二人の子供（真一、健二）――で、林の中に新しく墓地をつくる作業をしている場面を、父親の視点から描いたものである。**これを読んで、あとの問いに答えなさい。**

根をつけたまま横倒しになって枯れきっていない倒木の根元にノコギリを入れた健二は、おどけて腰をふらつかせながら作業していた。枝払いの真一は一本ずつ丁寧に枝を幹からそぎ落としていった。材木にするのではないから適当でいい、と言ったのだが、真一はニヤニヤ笑っているだけだった。このようにしか仕事のできない自分の性分に照れているような、①大人びた微笑であった。

「やったぜ。」太い倒木を切っていると、うしろから健二のはしゃいだ声がした。振り向いてみると、彼は背を丸めて枝を切る三歳上の兄に向かって、やったんだぜ、とノコギリを差し上げてポーズをきめていた。真一はおもむろに腰を伸ばし、どれどれ、と切り口をのぞきに来た。「うーん、年輪は七本だな。」しゃがみ込んで切り口の年輪を数えた真一は、慎重にもう一度数え直しながら言った。

「なんだ、ねんりんてのは。」分からない宿題を兄に聞くときと同じ*横柄さで健二は真一を見下ろした。「年輪ていうのはこの輪のことで、木の年齢をあらわすんだ。つまり、この木は七歳のときに死んだってことさ。」真一は淡々と言い置いて持ち場に戻っていった。

健二はうつ伏せになって指さしながら年輪を数え、助けを求めるような顔を兄の方に向けた。「ほんとうに七歳で死んだのかあ。」泣き出しそうな声だった。「年輪が七本で終わっているんだから、そうだろう。」真一は振り返らずに、先の方に残る枝にノコギリをあてていた。「おれとおなじ年で死んだのかよお、こいつ。」健二が②おどけた表情をつくろうとして定まらない顔をこちらに向けたので、そうさ、とそっけなく応えてやった。

子供たちとそれぞれ一本ずつ倒木を処理したところに*沢から澄子が戻ってきた。作業に澄子が加わり、倒木の処理ははかどった。枝を払い、適当な長さに切りそろえた五本の倒木は、ここを墓地にするとき、県道からの段差を埋める階段に用いればよさそうだったので、林の端にまとめて積んだ。

健二は七歳で死んだ木にこだわり、それが人の足で踏まれる階段の用材として使われることが気に入らなかった。それではどうするのだ、と問うてみても膨れっ面を返すだけであった。「木のお墓を作ってやれば。」積み上げた倒木に腰を下ろし、ポットの麦茶を飲んでいた真一が独り言のように小さくつぶやいた。それを聞きとめた健二は、まだ運んでいない木を立て、自分の身長と同じ高さにノコギリで印をつけてから切った。横に寝かせてから根でも枕にして足で押さえてノコギリを引けば楽なのに、健二は木を立てたまま両膝で抱え込み、左手でつかんでいとおしむように切った。稀に見る真剣な目をしていた。

「それ、どうするの。」真一の横で汗をふく澄子が優しく笑いかけた。健二はそのとき初めて、自分の没頭していた奇妙な作業が、腰を下ろして休むみんなの注目を浴びていたのに気づいた。「きたねえなあ、みんなで休んでよお。」照れ隠しの乱暴な言葉を吐きながらも、自分の身長分に切った唐松を立ち木にそっと立て掛けてから、彼は走ってきて澄子の首にからみついた。

ノコギリで木を切る音と、林を動き回る足音がやむと、かすかな水の流れが聞こえてきた。

（南木佳士「ニジマスを釣る」）

＊横柄さ＝人を見下したような偉そうな態度であること。

＊沢＝山間の比較的小さな谷川。

(1)《人物像の理解》——線部①の「大人びた微笑」について説明した次の文の□に入る言葉を、文中の言葉を用いて二十字以内で答えなさい。(20点)

父親は、真一がニヤニヤ笑っているのを見て、「真一は、適当でいいと言われても□を意識して気恥ずかしく感じているのではないか。」と推測し、真一のそういう点を大人びていると見ている。

(2)《心情の理解》——線部②の「おどけた表情をつくろうとして定まらない顔」について説明した次の文のAに入る言葉を、文中の言葉を用いて十五字以内で答えなさい。また、Bに入る言葉を考えて、三字以上七字以内で答えなさい。(30点×2—60点)

この場面で健二は、Aという事実にBており、彼がそういう心の状態をどう処理してよいのかわからないでいることを表している。

A

B

重要

(3)《主題の理解》本文の説明として最も適切なものを次から選び、記号で答えなさい。(20点)

ア 家族の危機的な状況を協力して乗り越えていく過程で、家族のきずなが徐々に強くなっていく様子を、父親の穏やかな目を通して描いている。

イ 対照的な性格を持った兄弟が、ぶつかり合ったり、互いに慰め合ったりしているほほえましい様子を、父親の鋭い観察眼を通して描いている。

ウ 死というものを身近に感じる体験をした子供の内面のドラマと、それを見守る家族の様子を、父親のやや距離をおいた目を通して描いている。

エ 子供の深い悲しみが、静かな自然との触れ合いによって次第にいやされていく様子を、父親のいつくしむようなまなざしを通して描いている。

〔愛媛〕

Step 3 実力問題

時間 60分　合格点 80点　得点 　点

【　月　日】

1 次の文章を読んで、あとの問いに答えなさい。

テニス部では、昼休みに一年生部員がコート整備をすることになっており、いつもグーパーじゃんけんで少なかった方が整備をすることになっていた。ある日、末永が遅れてきたので、ほかの一年生で申し合わせた結果、末永一人が整備することになってしまった。「ぼく（太二）」は、その悪だくみにしぶしぶ加わったことを後悔している。その翌日、「ぼく」は朝の練習での一年生対二年生の対抗戦に挑んだ。

力試しにはもってこいだが、二年生との実力差は大きくて、これまで一年生が勝ち越したことはなかった。武藤や末永でも三回に一回勝てるかどうかで、久保は一度も勝ったことがない。ぼくは勝率五割をキープしていたが、団体戦に出場するレギュラークラスには歯が立たなかった。ただし、一度だけ中田さんから金星をあげたことがある。ベースラインでの打ちあいに持ちこんで、ねばりにねばって長いラリーをものにした。誰が相手であれ、きのうからのモヤモヤを吹き払うためにも、ぼくはどうしても勝ちたかった。

ところが、①やる気とは裏腹に、ぼくは一ポイントも取れずに負けてしまった。武藤や末永もサーブがまるで決まらず、ダブルフォールトを連発して自滅。久保も、ほかの一年生たちも、手も足も出ないまま二年生にうち負かされて、これまでにない早さで勝負がついた。

「どうした一年。だらしがねえぞ」

キャプテンの中田さんに命じられて、ぼくたちはグラウンドを走らされた。いつも先頭をきっているので、みんなの姿を見ずに走るのは慣れていたが、②今日だけは武藤や末永や久保がどんな顔でついてきているのか、気になってしかたがなかった。

誰もが、きのう末永をハメたことを後悔しているのだ。足を止めて、一年生全員で話しあいをして、昼休みのコート整備を当番制にかえてもらうようにキャプテンに頼もうと言いたかったが、おもいきれないまま、ぼくはグラウンドを走りつづけた。

「よし、ラスト一周。ダッシュでまわってこい」

中田さんの声を合図に全力疾走となり、ぼくは最後まで先頭を守った。

「ボールはかたづけておいたからな。昼休みのコート整備はちゃんとやれよ」

八時二十分をすぎていたので、ネットのむこうは登校する生徒たちでいっぱいだった。武藤に、まちがっても今日はやるなよと釘を刺しておきたかったが、息が切れて、［A］口をきくどころではなかった。

ラケットを持って四階まで階段をのぼりながら、ぼくは武藤と話さなくてよかったとおもった。ぼくが武藤を呼びとめていたら、ほかの一年生はぼくたちがなにを話しているのかと、気になってしかたがなかったにちがいない。武藤ではなく、久保か末永を呼びとめていても同じ不安が広がっていたはずだ。冷静に考えれば、きのうのことは一度きりの悪だくみとしておわらせるしかないわけだが、疑いだせばきりがないのも事実だった。

もしかすると、みんなは今日も末永をハメようとしていて、自分だけがそれを知らされていないのかもしれない。もしかすると、きのうのしかえしに、末永がなにかしかけようとしているのかもしれない。もしかすると、二、三人の仲の良い者どうしでもうしあわせて、［B］負けてもひとりにはならないように安全策を講じているのかもしれない。

ウラでうちあわせ可能な手口がつぎつぎ頭にうかび、これはおもっている以上に厄介だと、ぼくは頭を悩ませた。

やはりキャプテンの中田さんに助けてもらうしかない。そうおもったが、それをおもいとどまったのはきのうから今日にかけて、一番きついおもいをしているのは末永だと気づいたからだ。末永以外の一年生部員二十三人は自分が加担した悪だくみのツケとして不安におちいっているにすぎない。それに対して、③末永は、今日もまたハメられるかもしれないという恐れをかかえながら朝練に出てきたのだ。最終的に中田さんに頼むとしても、まずはみんなで末永にあやまり、そのうえで相談するのが筋だろう。

そう結論したのは、三時間目のおわりぎわだった。［C］授業はまるで頭にはいっていなかったが、ぼくはようやく自分のするべきことがわかった気がした。そこでチャイムが鳴り、トイレに行こうと廊下に出ると、武藤が顔をうつむかせてこっちに歩いてくる。

「よお」

「おっ、おお」

武藤はおどろき、気弱げな笑顔をうかべた。そんな姿は見たことがなかったので、もしかすると、自分から顧問の浅井先生かキャプテンの中田さんにうちあけたのではないかと、ぼくはおもった。［D］怒られるだろうが、それでケリがつくならかまわなかった。それなら、昼休みには浅井先生か中田さんがテニスコートに来るはずだ。

給食の時間がおわり、ぼくはテニスコートにむかった。しかし集まったのは一年生だけだった。ぼくは落胆するのと同時に④自分の甘さに腹が立った。

いつものように二十四人で輪をつくったが、誰の顔も緊張で青ざめている。末永にいたっては、歯をくいしばりすぎて、こめかみとあごがぴくぴく動いていた。いまさらながら、ぼくは末永に悪いことをしたと反省した。

しかしこんな状況で、きのうはハメて悪かったと末永にあやまったら、どんな展開になるかわからない。武藤をはじめとするみんなからは、よけいなことを言いやがってとうらまれて、末永だって怒りのやり場にこまるだろう。

だから、一番いいのは、このままふつうにグーパーじゃんけんをすることだった。うまく分かれてくれればいいが、偶然、グーかパーがひとりになる可能性だってある。ハメるつもりがないのに、末永がまたひとりになってしまったら、事態はこじれて収拾がつかなくなる。

みんなは青ざめた顔のまま、じゃんけんをしようとしていた。どうか、グーとパーが均等に分かれてほしい。

こぶしを顔の横に持ってきたとき、ぼくの頭に父の姿がうかんだ。一緒にテニススクールに通っていたころ、父は試合で会心のショットを決めると、応援しているぼくたちにむかってポーズをとった。

ぼくや母も、同じポーズで父にこたえた。

「グーパー、じゃん」かけ声にあわせて手をふりおろしたぼくはチョキをだしていた。本当はVサインのつもりだったが、この状況ではどうしたってチョキにしか見えない。ぼく以外はパーが十五人でグーが八人。末永はパーで、武藤と久保はグーをだしていた。

ぼくが顔をあげると、むかいにいた久保と目があった。「⑤太二、わかったよ。おれもチョキにするわ」

久保はそう言ってグーからチョキにかえると、とがらせた口から息を吐いた。

「なあ、武藤。グーパーはもうやめよう」

久保に言われて、武藤はくちびるを隠すように口をむすび、すばやくうなずいた。そして、武藤は握っていたこぶしから人差し指と中指を伸ばすと、ぼくにむかってその手を突きだした。

武藤からのVサインをうけて、ぼくは末永にVサインを送った。末永は自分の手のひらを見つめながらパーをチョキにかえて、輪のなかにさしだした。

「明日からのコート整備をどうするかは、放課後の練習のあとで決めよう。時間もないし、今日はチョキがブラシをかけるよ」

そう言って、ぼくが道具小屋にはいると、何人かの足音がつづいた。ふりかえると、久保と武藤と末永のあとにも四人がついてきて、ぼくは八本あるブラシを一本ずつ手わたした。

コート整備をするあいだ、誰も口をきかなかった。ぼくの横には久保がいて、ブラシとブラシが離れないように歩幅をあわせて歩いていると、きのうからのわだかまりが消えていく気がした。

（佐川満晴「四本のラケット」）

重要 (1) ——線部①「やる気とは裏腹に、ぼくは一ポイントも取れずに負けてしまった。武藤や末永もサーブがまるで決まらず、ダブルフォールトを連発して自滅」とあるが、その理由として最も適切なものを次から選び、記号で答えなさい。（14点）

ア 末永をハメたことを悔やみながらも、今日の昼休みには自分が末永と同じような目にあうにちがいないと心配し、テニスどころではなかったから。
イ 末永をハメたことに全員がわだかまりを感じているために、勝ちたい気持ちがよけいな力みになり、かえってテニスそのものに集中できなかったから。
ウ 末永をハメたことについて不愉快に思うとともに、誰もが口を閉ざしたままの状態に憤りを感じ、そんなテニス部の体質に嫌気がさしていたから。
エ 末永をハメたことに責任を感じつつも、誰かが顧問やキャプテンに告げ口するのではないだろうかと恐れ、テニスのプレーが雑になったから。

難問 (2) ——線部②「今日だけは武藤や末永や久保がどんな顔でついてきているのか、気になってしかたがなかった」とあるが、このとき「ぼく」はなぜそう思ったのか。その理由として最も適切なものを次から選び、記号で答えなさい。（14点）

ア 二年生にいつもより簡単に負けたことの原因が、昨日の悪だくみにあるということに武藤たちが気づいているのかどうか、はっきり見届けたかったから。
イ 昨日のくだらない悪だくみのせいで、あまりにも簡単に二年生に負けたことについて、武藤たちがどれくらい悔しがっているか見極めたかったから。

ウ　二年生に簡単に負かされてしまったという状況の中で、昨日みんなで末永をハメたことを、武藤たちがどのように受けとめているか確認したかったから。

エ　二年生に負けてしまった結果を受け、末永をハメたことについて今後どうすればよいか探るために、みんなの反省の度合いを点検したかったから。

[　　]

(3) [A]〜[D]に入る言葉をそれぞれ次から選び、記号で答えなさい（同じ記号は二度使えません）。（4点×4—16点）

ア　すでに　イ　おかげで　ウ　たとえ　エ　おのずと
オ　たっぷり　カ　とても

A	B	C	D

(4) ——線部③「末永は、今日もまたハメられるかもしれないという恐れをかかえながら朝練に出てきた」とあるが、こうした不安を抱えた末永の様子が具体的に言い表されている一文を、これよりあとの文中から探し、はじめの五字を抜き出しなさい。（12点）

[　　　　　]

記述式
(5) ——線部④「自分の甘さに腹が立った」とあるが、「自分の甘さ」とは具体的にどのようなことを指しているか。文中の言葉を用いて四十字以内で答えなさい。（24点）

[　　]

(6) ——線部⑤「太二、わかったよ。おれもチョキにするわ」とあるが、このときの「久保」の気持ちの説明として最も適切なものを次から選び、記号で答えなさい。（20点）

ア　「ぼく」がチョキを出したのを見て、グーパーじゃんけんでコート整備の担当を決めるというルールをたった一人で破るつもりなのだと、久保は考えた。このままでは「ぼく」が他の一年生部員たちから白い目で見られると危ぶんだ久保は、「ぼく」が孤立しないようにしたのである。

イ　「ぼく」がチョキを出したのは、グーパーじゃんけんでコート整備の担当を決めるというやり方に異議を唱えるために、一人で今日の整備を引き受けるつもりだからだと、久保は考えた。久保もこれまでのやり方を好ましくないと考えていたので、「ぼく」に賛意を示すことにしたのである。

ウ　「ぼく」がチョキを出したのは、万一、今日も末永をハメるたくらみがあった場合、それを阻止して一人で整備を担当するつもりなのだと、久保は考えた。自分を犠牲にしようとしている「ぼく」を気の毒に思った久保は、整備を「ぼく」だけにおしつけずに手伝ってやろうと考えたのである。

エ　「ぼく」がチョキを出したのは、グーパーじゃんけんで整備担当者を決めようとする部員たちを非難するためだと、久保は考えた。グーパーじゃんけんで決めるというルールをやむを得ないと考えていた久保は、「ぼく」に強く批判されているように感じ、「ぼく」に従うことにしたのである。

[　　]

〔帝塚山学院泉ヶ丘高—改〕

事実と感想を読み分ける

【　月　日】

Step 1 基本問題

解答▼別冊 4ページ

1 次の文章は、ふだんは別々に暮らす母への思いを、七十歳近くなって初めての入院をした母の様子をとおして描いたものである。**これを読んで、あとの問いに答えなさい。**

入院して二、三日は、①まるでお祭り騒ぎであった。夜になると十円玉のありったけを握って廊下の公衆電話から今日一日の報告をするのである。

三度三度の食事の心配をしないで暮らすのがいかに極楽であるか。献立がいかに老人の好みと栄養を考えて作られているか。看護婦さんがいかに行き届いてやさしいか。テレビのリポーターも顔まけの生き生きとした報告であった。無理をして自分を励ましているところがあった。

三日目あたりから、報告は急激に威勢が悪く、時間も短くなってきた。四日目からはその電話もなくなった。

追い込みにかかっていた仕事に区切りをつけ、私が一週間目に見舞った時、母はひとまわりも小さくなった顔で、ベッドに座っていた。この日は、よそにかたづいている妹もまじえて姉弟四人の顔が揃ったのだが、②辛いのは帰りぎわであった。

私が弟の腕時計に目を走らせ、

「ではそろそろ」

といおうかなとためらっていると、一瞬早く母が先手を打つのである。

③「さあ、お母さんも横にならなくちゃ」

晴れやかな声でいうと思い切りよく立ち上がり、見舞いにもらった花や果物の分配をはじめる。押し問答の末、結局私たちは持ってきた見舞いの包みより大きい戦利品を持たされて追っ払われるのである。

重要点をつかもう

■ **事実と感想の読み分け方**

①段落構成に注目する

筆者の見聞、経験などを自由に記したものが随筆であり、内容は幅広い。

- **論理的傾向の文章**
  科学的な記事風のものや、事実に基づいて抽象的な思考を述べたものには、事実と感想が別々の段落になっているものが多い。
- **文学的傾向の文章**
  身の回りのことや思い出、紀行文のようなものには、事実と感想が入り混じっていることが多い。話題を提示している部分、体験や事実を述べている部分、意見や感想を述べている部分に分けてみよう。

②筆者の書き方に注目する

- 事実や体験のあとに感想や意見が述べられていることが多い。

「見舞いの来ない患者もいるのに、こうやってぞろぞろ来られたんじゃお母さんきまりが悪いから当分はこないでおくれ」

と演説をしながら、一番小さな母が四人の先頭に立って廊下を歩いてゆく。

「本当にもうこないでおくれよ」

くどいほど念を押しエレベーターに私たちを押しこむと、ドアのしまりぎわに、

「有難うございました」

今までのぞんざいな口調とは別人のように改まって、デパートの一階にいるエレベーターガールさながらの深々としたお辞儀をするのである。

*ストレッチャーをのせる病院の大型エレベーターは両方からドアがしまる。寝巻の上に妹の手編みの挽茶色の肩掛けをかけて、白くなった頭を下げる母の姿は、更にもうひと回り小さく見えた。

私は、「開」のボタンを押してもう一度声をかけたいという衝動をかろうじておさえた。

（向田邦子「父の詫び状」）

*ストレッチャー＝病人を寝かせたまま運ぶ道具。

・様子を表す表現には、筆者の感想や意見が反映されていることが多い。

問題のヒント

(1) 「入院して二、三日」の様子を描いた段落から、一文を探そう。

(2) 「私」の気持ちが説明されている部分を探そう。

(3) 人物の言動から心情を読み取る問題。心情は、出来事を受けて変化する。どのような出来事が母の心情に影響したのかを読み取ろう。

(1) 《心情の理解》――線部①は、母のどのような気持ちの表れであると筆者は受けとめているか。それを述べている一文を文中から探し、はじめの五字を抜き出しなさい。

(2) 《心情の理解》――線部②について、具体的にはどのような気持ちか。文中から二十字程度で探し、はじめと終わりの五字を抜き出しなさい。

記述式

(3) 《心情の理解》――線部③について、このように言った母の意図を、「……ため。」に続くように、十五字以内で答えなさい。ただし、句読点も字数に含める。

〈解答欄〉

(1)

(2) 〜

(3) ため。

Step 2 標準問題

解答▼別冊 5ページ

時間 40分　合格点 80点　得点 　点

【　月　日】

1 次の文章は、筆者が国際的な児童文学賞を受賞した際に、ギリシャのアテネで行ったスピーチの、父親が「桃太郎」を語るときに口にしていた「どんぶらこっこーう　すっこっこーう」という言葉に関する部分である。**これを読んで、あとの問いに答えなさい。**

日本の家は、①玄関や窓などの開口部が大きくできています。引き戸になっていて、朝起きて全部開けると、家の中と外の世界は一体になります。家の中も、部屋を仕切る障子や襖（引き戸）を開ければ、他の部屋や廊下とつながるように作られています。現在は多少変わってしまいましたが。ですから私の国では、鳥の鳴き声、風や雨の音、生活の音などが、常に人々の暮らしの中にあり、音を聞いて想像力を働かせ情報を得てきました。こういった中で、「*オノマトペ」も自然にたくさん生まれてきました。「オノマトペ」には窮屈なルールはなく、感じたままの表現を許してくれます。②とっても自由なものです。ひとつの「オノマトペ」が、その語感、リズム、音の響きから、どれほど多くのことを伝えてくれることでしょうか。

子どものとき、父は「オノマトペ」や独自の表現を生み出して、子どもたちに語る物語をいっそう楽しいものにしてくれました。私は、それらの言葉に誘われて、物語に入り込み、元気な子どもになったり、主人公と一緒に問題を解決しようとしたり、さまざまな世界へと想像を巡らしました。私の物語との出会いは、ここから出発したのだと思います。

仕事がうまくいかないで、書く手が止まってしまったとき、無意識に「どんぶらこっこーう　すっこっこーう」と口にしていることがあります。すると、幼いときのワクワクした気持ちがよみがえって、原稿を書き進めることができたことが何度もありました。これは私のおまじないの言葉なのです。こんなとき、父へ向けて、またこのような豊かな言葉を持っている日本語に、「ありがとう。」といいたくなります。

こうして、父のおかげで、私は、物語が大好きな子ども、そして、本を読むのが大好きな子どもになりました。それ以来三十年以上、私はとても熱心な「読む人」でした。「書く人」になるなんて、考えたこともありませんでした。

ところが、三十四歳のある日、大学時代の恩師から電話があり、「君はブラジルで二年暮らしてきたのだから、『ブラジルの子ども』について、*ノンフィクションを書いてみないか。」といわれたのです。

（中略）

ブラジルで暮らした二年の間、同じアパートに住む九歳の魅力的な男の子、ルイジンニョと仲良くなり、ポルトガル語を教えてもらいました。九歳の先生と二十四歳の生徒です。彼に言葉を教えてもらいながら、町を歩いた毎日は、発見の連続でした。ルイジンニョの母親はサンバの歌手で、彼は生まれたときから、サンバを聴いて育ったのです。私に教えるときも、歌うように、踊るように、言葉を教えてくれました。よくわからない言葉なのに、心地よいリズムに乗せて語られると、不思議なことに意味が伝わってくるのでした。

彼はブラジルの少年らしく、踊るのもとても上手で、一緒に踊れと私を誘うのです。でも日本で育った私は、恥ずかしくて踊れません。するど、彼はこういったのです。

「エイコ、あんたにも心臓（コラソン）があるでしょ、とくとくとくとくと動いているでしょ。それを聞きながら踊れば、踊れる。だって、人間はそんなふうにできているのだから。」

③九歳の少年のこの言葉に、私ははっとしました。そして、小さいとき、私の父がお話を語ってくれたときの、弾むような言葉遣いを思い出しました。父の物語を聞いていたとき、確かに私の胸は、とくとくとくと動いていました。言葉って、たとえ語彙は少なくても、ぴったりのリズムや響きがあれば、不思議なほど相手に伝わる、また忘れられないものになる。それまで言葉の意味ばかり追いかけていた私に、ルイジンニョは、言葉の持つ不思議と奥深さを気づかせてくれたのです。（角野栄子「『作家』と『魔女』の集まっちゃった思い出」）

＊オノマトペ＝擬声語・擬態語。

＊ノンフィクション＝作りごとを交えず、事実を伝えようとする作品。

(1)《内容の理解》――線部①のような家のつくりの影響で、人々は周囲の状況をどう認識してきたか。そのことが説明されている一文を探し、はじめの五字を答えなさい。（25点）

(2)《接続語の補充》――線部②の文と、その直前の文とを、文脈を変えないように一語の接続詞でつなぐとき、最も適切なものを次から選び、記号で答えなさい。（15点）

ア しかし　イ あるいは　ウ つまり　エ ところで

重要 (3)《心情の理解》――線部③とあるが、少年の言葉を聞いて、筆者はどのように考えるようになったか。その説明として最も適切なものを次から選び、記号で答えなさい。（15点）

ア 言葉の意味ばかりにこだわっていたが、言葉というのはぴったりのリズムや響きがあれば伝わるものだと考えるようになった。

イ 弾むような言葉遣いは父にしかできないと考えていたが、ルイジンニョや自分にもできることなのだと考えるようになった。

ウ 言葉は心地よいリズムさえあれば相手に伝わると考えていたが、まずは意味を捉えることが重要だと考えるようになった。

エ 言葉の意味を教わることが大切だと考えていたが、リズムに乗せて話すことができれば意味は必要ないと考えるようになった。

(4)《表現の特徴》この文章の表現上の工夫と効果の説明として適切でないものを次から選び、記号で答えなさい。（15点）

ア 具体的な体験を交えながら、話の内容を印象づけている。

イ 直喩を用いながら、場面をイメージしやすくしている。

ウ 結論から話し始めることで、考えを明確に伝えている。

記述式 (5)《心情の理解》――線部「オノマトペ」について、父が語った「オノマトペ」を筆者が口にしたときの気持ちを、文中の言葉を用いて答えなさい。（30点）

〔奈良―改〕

5 表現の特徴を味わう

【　月　日】

Step 1 基本問題

解答▼別冊 5ページ

1 次の文章を読んで、あとの問いに答えなさい。

『万葉集』の場合、「見るからにそれだけのこと」の歌が多いのが、特徴だと言えるだろう。「それだけのこと」にあまり手を加えずに歌ができあがっているということは、歌の完成度が低いということだろうか。決してそうではない。むしろ「それだけのこと」の持つ力強さ、素材の新鮮さについて考えるべきだろう。とれたての野菜は、塩をかけただけでおいしい。新鮮な魚は、まず刺身にするのが一番。

「それだけのこと」が、それだけで歌になるためには、それなりの理由があるのだ。歌わずにはいられない、伝えたくてたまらない、という心からの気持ちが、その大きな要素だと言えるだろう。

後の勅撰集（『古今和歌集』以降）の時代の短歌は、同じように食物でたとえるとすると、凝ったフランス料理という気がする。掛詞、縁語、本歌取り、エトセトラ。さまざまな技巧は、料理をよりおいしく美しく仕上げるためのソースであり、スパイスである。

もちろん、どちらがいい、というのではない。素材の悪いものは、いくら加工したってダメであるし、いいものは料理の仕方によっていくらでもおいしさがひきだされる。

ただ、ある程度歌を作りつづけていると、いい素材に出会った時、塩をかけただけで食卓に出すという勇気がなかなか持てなくなってしまう。ついついドレッシングをかけたり、スパイスをきかせたり、してみたくなる。

そしてもっと恐ろしいことは、歌を作るということが、ドレッシングやソースの調合をすることだというふうに錯覚してしまうこと。材料の吟味よりも、目新しい料理法や見せかけの盛り付けにばかり心を奪われてしまうこと。

重要点をつかもう

■ 表現の特徴の味わい方

①**文体** … 文章のスタイルのこと。一文一文の長さや漢語・和語の割合、常体（だ・である調）・敬体（です・ます調）の違いがある。

②**文の長さ** … 短文、長文

③**時制** … 現在形、過去形

④**表現技法**

- **反復法** … 同じような言葉を繰り返す。
- **倒置法** … 普通とは語順を逆にする。
- **比喩** … 他のものにたとえる。
  - 直喩　例山のような波
  - 隠喩　例文は人なり
  - 擬人法　例花が笑う
- **体言止め** … 行の終わりを名詞で止める。

- これらを組み合わせることで、文章に**リズム感**や**臨場感**、**躍動感**、**緊迫感**、**重厚感**などが出てくる。

そんな時に『万葉集』を読むと、はっとさせられることが多い。ああ言葉の味とは、こういうものだったんだ、と思う。材料の欠点をソースでごまかすようなことを、自分はしていないだろうか、と反省させられる。

　では、力強くて新鮮な材料は、どうしたら手に入れることができるだろうか。抽象的な表現ではあるけれど、「一生懸命生きること」それしかないと思う。

　言ってしまえば「それだけのこと」ではあっても、それを本当に心から伝えたいと感じることは、なかなか容易ではない。

　すべての相聞歌は、言ってしまえば「あなたのことが好きです」ということである。すべての挽歌は、言ってしまえば「あなたが死んで悲しい」ということである。あらっぽい言い方かもしれないが、つきつめていけばそこに収斂されるだろう。が、それを本当に心から味わうことが、一生のうちに何度あるだろうか。

（俵万智「言葉の虫めがね」）

問題のヒント

(1) 「塩をかけただけで食卓に出す」ことができるものとは、何なのかを読み取ろう。

(2) 文章全体に見られる表現技法に着目しよう。筆者が最も伝えたい事柄が、ある表現技法を用いて、効果的に述べられている。

重要 記述式

(1) 《表現の理解》——線部「塩をか……に出す」とあるが、これはどのようなことをたとえているのか。その内容を簡潔に答えなさい。

(2) 《表現の特徴》本文の表現の特徴を説明した一文として最も適切なものを次から選び、記号で答えなさい。

ア 言葉の反復を用いて、『万葉集』の味わいかたを強調し、そのすばらしさを表現している。

イ 短い文をたたみかけることで、和歌に対する筆者の強い愛着を鮮明に伝えている。

ウ 『万葉集』と後の時代の和歌の特徴を素材と料理法にたとえて、わかりやすく表現している。

エ 本来過去形を用いるべき部分にも現在形を用いることで、遠い昔の和歌を新しいものに感じさせている。

〔大阪―改〕

〈解答欄〉

(1)

(2) 【　】

Step 2 標準問題

解答▼別冊 5ページ

時間 40分　合格点 80点　得点　　点

【　月　日】

1 次の文章を読んで、あとの問いに答えなさい。（1～7は、段落の番号）

1　これは、歩きつきまでがゴリラに似てきたと言われて、そうかなとうなずいているほど、ゴリラを手がけなれてきた人の話である。ある日、閉園間近であった。まばらだが、お客さんの姿はまだあちこちしていた。各飼育係は夕方で用が多く忙しく働いていた。「ビルが逃げた！」と伝えられた。ビルとは、ゴリラの名である。そこいらにいる飼育係たちも［A］としている。信じられないのだ。新しいコンクリートの小屋ができて、ゴリラたちはそちらへ移ったばかり、厳重で頑丈な新居なのだ。

2　最も変な気がしたのはその人である。自分の手で今ビルのおりの錠をさしてきたばかりなのだ。「ビルが歩いている！」「お客様の中を旧類人猿舎の方へ歩いている！」と報告は矢継ぎ早だ。もはやぽかんではない。急ぐ。

3　ビルはほんとに歩いていた、お客様の中を！　だが、幸いなことにお客様は騒がないでいてくれた。お猿電車などでおりの外にいる猿を見慣れているので、散歩に出してあると錯覚したのだ。勝手におりを出てきたゴリラだと知ったら仰天だったろう。一大事は錯覚から生じた冷静で助かったのだ。①知らぬが仏はお客様だけで、知っている係たちは＊戦慄である。その人は夢中だった。――「でも、一目でビルの後ろ姿は淋しそうだと見えました。こっちも興奮してましたけど、かわいそうだ！　という気がしましたね。」

4　どうしたはずみかでおりから出て、外へ歩きだしたものの、知った顔はなし、頼りなくてつまらなく、うろうろしてしまったのだろうと言う。私はここまで聴いたとき、おりに長く飼われた動物の、外へ出てみたもののその行き所なさを思いやって、そのあまりの淋しさに涙が出そうになった。

5　その人は「ビル！」と呼んだ。ビルは振り返って、なつかしい人を見つけた。おそらくまっ黒けな手や顔で振り返ったのだろうけれど。……特有な声で、呼吸を刻んで喜び、その人へ手をつないで、何か言いかけるかのように顔を振り向け振り向け、O字形の二本足で歩いて住まいへ無事に帰ったのである。

6　「あの時、園の方じゃ、万一暴れだしたら、もうしょうがないから撃っちまおうというんで、鉄砲を持ち出していたんです。他の動物と違ってあれはどんな所でも登って越しちまいますからね。処置なしの状態になるんです。園としては動物中でも大切な動物であるビルを撃つというのは一大事なんですが、お客様に危険なときにそんなこと言っていられません。ほんとにあの時はかわいかったなあ！　何とも言えない素直さで、手をつないできたっけ。もし暴れられたらそれこそ大変だ。」

7　それはどっちにとっても死闘だったかもしれないのである。お客がきゃあと叫び、②あるいは彼が銃口を見つけたら、あるいはその人がまず立腹したり恐怖したりしていたら、ビルは死闘を辞さなかったろう。長年の飼育によるなじみが花になって咲いたような話である。人と動物の間には理解しがたいいろいろもあるが、飼育係は動物の身になって考えてやれる人なのだ。そのゆえに、ビルの淋しさはずばりと分かってもらえたのである。

（幸田文「動物のぞき」）

＊戦慄＝恐ろしくて身ぶるいすること。

(1)《語句の補充》［A］に入る言葉を、［1］～［3］段落の文中から三字でそのまま抜き出しなさい。（14点）

重要 (2)《表現の特徴》［1］・［2］段落の表現上の特色の説明として最も適切なものを次から選び、記号で答えなさい。（16点）

ア 実際よりもおおげさに表現することによって、逆に、文章に現実感を与えている。
イ 敬体と常体をバランスよく用いることによって、文章にリズム感を与えている。
ウ 短い文をたたみかけるように多用することによって、文章に緊迫感を与えている。
エ 力強い響きのある漢語を効果的に使うことによって、文章に重厚感を与えている。

重要 (3)《状況の理解》――線部①について説明した次の文の［a］～［c］に入る言葉を、［1］～［3］の段落中から抜き出しなさい。ただし、［a］・［b］はそれぞれ五字以上十字以内、［c］は二字以内とする。（14点×3―42点）

客は、ビルを［a］と勘違いし、ビルが［b］とは知らなかったので、［c］でいることができたということである。

a

b

c

(4)《表現の理解》――線部②について、そうはならずに、事件が無事に解決した理由を説明した次の文の［　］に入る言葉を、［5］～［7］段落の文中の言葉を使って、五字以内で答えなさい。（14点）

事件が無事に解決したのは、ビルと「その人」とは心が通い合っていたからである。［　］という行為は、この両者の関係を象徴的に表している。

(5)《表現の理解》文中に、筆者がこの話を比喩を使ってまとめた一文がある。その一文を探し、はじめの五字を抜き出しなさい。（14点）

〔愛媛〕

ワンポイント

文章の内容をより効果的に伝え、印象づけるのに、文体や文の長さ、比喩表現などが重要な役割を果たすことを覚えておこう。

6 細部を読み取る

Step  基本問題

解答▼別冊 6ページ

1 次の文章を読んで、あとの問いに答えなさい。

林を出て、顔の汗を拭きながら、ふと見ると、林のへりの、すこし離れた草むらに、かなり大柄な鳥が一羽、こちらに鋭い目を向けたまま、じっとうずくまっている。黄ばんだ地に赤錆色の斑点があるので、雉子の雌だな、とすぐ気がついた。夏の仕事場のある信州八ケ岳の山麓で、よく雄に連れられて道を歩いているのを見かけるのである。

そのとき、汗を拭いている私と、草地にうずくまっている雉子とは、四、五メートルも離れていただろうか。雉子はまるい目を大きくみはるようにして私を見つめていた。つまり、雉子は人間である私がすぐそばにいることを確かに認めていたのである。

けれども、雉子は逃げなかった。逃げようという気配すら見せなかった。身じろぎもしない。助けを求める声も出さない。目だけに警戒の色をみなぎらせて、じっとうずくまっているきりである。

なぜだろう。①なぜ逃げようとしないのだろう。私は、すぐそこにうずくまっている雉子を眺めながら、あれこれと考え、結局この鳥はどこかに深い傷を負っていて、飛び立てないでいるのだと思った。

すると、私自身も身動きできなくなった。動けば、傷ついた鳥をいたずらに驚かせることになると思ったのである。

間もなく、林の奥の方から、私の名を呼ぶ仲間の声が近づいてきた。仲間は、私の動きを伝える物音が何も聞こえないから、どこかでへたりこんでいるとでも思っていたのだろう。②私は、雉子へは見えないように彼へ手を振り、声を立てないで静かにおいでと合図した。それから、足音を忍ばせてやってきた彼に雉子を指さしてみせた。

重要点をつかもう

■ 細部の読み取り方

①事実と感想の対応に注目する

筆者の感想は、事実のどの部分に基づいたものであるかをとらえる。

表現の工夫がされている事実に、筆者の感想や心情が込められている。

②筆者の心情の変化に注目する

心情A
例 田舎暮らしに嫌気がさして、都会へ出た。
↓
事実　変化
※書かれていないこともある
例 数年ぶりに実家に戻ると、都市開発で町が様変わりしていた。
↓
心情B
例 昔の景色が恋しくなった。

- 筆者の心情を変化させた事実は何か、また、筆者の心情がどのように変化しているかをとらえる。

「ああ、雉子の雌ですね。あそこに卵を産んで、抱いてるんですよ。」と、猟師でもある彼は即座に言った。

雉子は今が産卵期で、卵も六個から十個ぐらい産み、雌だけが抱いて、二十三日から二十五日で孵すのだという。

「ぼくは傷ついて飛べなくなっているのかと思ったけど、卵を守って逃げなかったのだね。」

「雉子は卵を産んだら、それを守るのに命をかけますよ。山火事のとき、卵を抱いたまま焼け死んでしまうのもいます。」

彼は、不思議なことに、抱卵中の雉子は無臭になるらしいと言った。

「かなり鼻の利く猟犬でもすぐそこの草むらで卵を抱いている雌雉子に気がつかないで通り過ぎちゃうんですから。雉子も、変にばたついたりはしません。落ち着いて、静かに抱きつづけています。抱卵中の様子は、目に見えない大きな手にしっかりと守られているんですねえ。」

やがて、私たちも、□そこを離れた。

（三浦哲郎「母」）

問題のヒント

(1) 「私」が雉子が逃げない理由をどのようにして知ったのかに着目しよう。

(2) 「静かに」という合図は、筆者が身動きしないことにつながっている。なぜ筆者が動かないか、理由を探そう。

(3) 卵を抱いている雉子を大切に思う気持ちを読み取って答えよう。

(1) 《状況の理解》——線部①の疑問に対する答えがわかる十一字の言葉を文中から探し、抜き出しなさい。

記述式

(2) 《心情の理解》——線部②から読み取ることができる「私」の雉子に対する気持ちを、文中の言葉を使って十字以上十五字以内で答えなさい。

(3) 《語句の補充》□に入る言葉を次から選び、記号で答えなさい。

ア そっと　イ さっそく　ウ すばやく　エ ゆっくりと

〈解答欄〉

(1)

(2)

(3) [　　]

Step 2 標準問題

解答▼別冊 6ページ

時間 40分　合格点 80点　得点　　点

【　月　日】

1 次の文章を読んで、あとの問いに答えなさい。

今年の桜の頃に、父を見送った。

正しくは、見送ることができなかった。母が認知症になり施設に入ってからというもの、自分の身の回りのことすべてを独りでしていた父は、最期の瞬間さえ誰にも見せることなく独りで逝ってしまった。大正生まれのシベリア帰り、九十一年の生涯。①最後の最期まで、潔いひとだった。

ふだんなら、南房総の実家を訪ねる際には前もって連絡をするのだけれど、その日はたまたま、父に黙って車で向かっていた。報せてしまうと父は、こちらが運転している途中で何度も電話をしてきては、

「今、どのへんですか」

と訊くのだ。じりじりと待たせてしまうよりは、急に訪れてびっくりさせようと思った。

実家まで三十分ほどのホームセンターから初めて電話をかけた。つながらないので、きっとまた外で日向ぼっこでもしているのだろうと思い、少し移動して近くのスーパーマーケットからもう一度電話を入れた。やはり、誰も出ない。携帯も固定電話も、延々と鳴り続けるだけだ。

とてつもなく嫌な予感がした。そんなことは初めてだった。胸の動悸をなだめながら車を飛ばし、実家が見えてきて、その入口の桜のつぼみがようやくほころび始めているのを見上げた時、ふっと、(もしかしてこれから毎年春が来るたびに、こんなたまらない思いで桜を見上げることになるんだろうか)

そんな思いが脳裏をよぎったのを覚えている。

後からの調べでわかったことだけれど、父が倒れて亡くなったのは、私が実家に駆けつけるほんの二時間ほど前だったそうだ。脳幹出血は一瞬のことで、おそらく苦しむ暇もなかったほどだろうと、ふだんからお世話になっていた主治医の先生は言った。それだけがせめてもの慰めだった。

あれもしてあげればよかった、これもしてあげればよかった、あんなことを言うのではなかった。何より、今日行くということを先に伝えていればよかった。そうすればせめて、娘が来るのを楽しみにしながら逝けたのに。

[A]を数えあげれば、どこまでもきりがない。

それでも……まるで自己弁護のようだけれど、こんなふうにも思うのだ。生きている間にどれだけのことをしていたとしても、やっぱり[A]というものは残るものなのだろうし、だとしたらせいいっぱい、良い思い出のほうを数えたほうがいい。昔からシニカルな冗談が好きだった父のことだ、泣くよりは笑って思い出してもらいたいだろう。

「きっと、お父さんがあなたを呼んだんだよ」

会うひと誰もが、私に言った。そうかもしれない。お正月からずっと会えていなかったのに、たまたまその日、東京からそのまま実家

へ足をのばした。そうでなかったら父はあのまま、二時間よりもっと長いこと独りきりで寂しい思いをしていたかもしれないのだ。

葬儀には、施設のスタッフの方に頼んで、車椅子の母も連れてきて頂いた。長年連れ添った夫のお葬式だということがわからない母は、みんなが自分のために集まってくれたのだと思って上機嫌だった。

棺の蓋を閉める間際、車椅子をそばに寄せると、中を覗き込んだ母はのんびりとした口調で言った。

「これ、誰や？　え、お父ちゃん？　そうか、せっかく寝たはんねやったら、起こしたげるわけにもいかんわなあ」

そのとたん……こらえ続けていた涙が溢れて止まらなくなった。いつのまにかずいぶん小さくなってしまった母に顔を寄せて、私は泣いた。

「ほんまやな、お母ちゃん、ほんまにその通りや。お父ちゃん、ゆっくり寝かしといたげよなあ」

正直なところ、私は母の良い娘ではなかったし、母もまた、娘にとって良い母親とは言えなかった。幼い頃から彼女の言葉にどれほど傷つき心を損なわれてきたかを思い返すたび、今でも胸が苦しくなるほどだ。

それなのにまさか、②最愛の父を見送る段になって、この母の言葉に救われようとは思いもよらなかった。

おそらくその瞬間、私と母は、互いに生まれて初めて素直に心を重ねることができたのだろうと思う。

（村山由佳「願わくは花のもとにて」）

重要 記述式

(1)《人物像の理解》――線部①「最後の……だった」とあるが、それは父のどういう点について述べたものか。三十字以内で説明しなさい。（40点）

(2)《語句の補充》 A に入る語句を次から選び、記号で答えなさい。（30点）

ア 後悔　イ 弁解　ウ 不満　エ 疑念

(3)《心情の理解》――線部②について、「私」が「母の言葉に救われ」たのはなぜか。その理由として最も適切なものを次から選び、記号で答えなさい。（30点）

ア 母の言葉は、状況を理解せずに発せられたものだが、純粋に父をいたわる思いにあふれたものであり、父に対する「私」の思いと通じ合うものであったから。

イ 母の言葉は、「私」が父との死別に際して悲痛な思いに沈み込んでいる中で、のんびりとした口調で発せられたため、「私」の心を和ませてくれたから。

ウ 母の言葉に、車椅子に乗るほどにすぐれない体調でも父の葬儀に無理を押して参列した母の、父に対する深い愛情が痛いほど感じられたから。

エ 母の言葉に、悲嘆に暮れる「私」の心を、事態が把握できないなりにも何とか紛らそうという、娘を思いやる母親としての温かみが感じられたから。

〔清風高〕

Step 3 実力問題

解答▼別冊7ページ

時間 60分　合格点 80点　得点　点

【　月　日】

1 次の文章を読んで、あとの問いに答えなさい。

商売というのはすばらしいシステムだ。この世の幸福の総和が増大するようにできている。ごまかしがなく、納得した上でのフェアな取引ならば、双方ともが喜べるのだから。自由主義社会には競争があるゆえ、「うちで買っていただいてありがたい。」と売り手は感謝しなくてはならないにしても、①別に買い手が偉いわけではない。「いやお客は偉い。②買う時は、だれもが王様になる。」という考え方もあるだろう。しかし、それだと無用のストレスが社会に広がりそうで、賛同しかねる。

子供のころ、駄菓子屋でキャラメルを買う時や、食堂で親が精算をしている時、「買ってやったぞ。」とお客様面をしていた。高度経済成長期に育ったので、小学生でもいっぱしの消費者として扱われた結果と言える。そんな私が現在のように変化したのは、自分が社会に出て接客の現場にいたせいだろうが、それに先立つ経験もある。

中学生になるかならずかという夏休み。両親の郷里である高松で過ごし、源平合戦で有名な屋島に遊びに行った。蝉しぐれの遊歩道を散策した私は、ある光景に出くわす。

休憩所の店先に帽子をかぶったおじさんが立ち、中をのぞいていた。五十代ぐらいの人だったのではないか。連れはいなかった。うどんでも食べて店を出ようとしていたらしい。おじさんは財布を片手に、店の奥に向かって言った。

「ごちそうさまぁ。」

意外な言葉だった。代金を払おうとしているのに店員の姿が見当たらない場合、とりあえず「すみませーん。」と呼びかけるものだと思っていた。いや、それしか思いつかなかった。なのに、このおじさんは無料でもてなされたかのように「ごちそうさま。」と言う。一瞬だけ③違和感を覚えた後、私の中に変化が起きた。

自分のためにサービスしてくれたのだから、お客として代価を支払うとしても、感謝の気持ちを言うのが礼儀にかなっている。考えたこともなかったけれど、それはそうだと納得し、お客は偉いわけではない、と知ったのだ。

後日、食堂だかレストランだかで食事をして店を出る時に、私は④小声でぎこちなく「ごちそうさま。」と言ってみた。すると、それだけのことで一歩大人に近づいたように感じた。以来、店側に不始末がないかぎり「ごちそうさま。」を言い添えている。

屋島で見た何でもないひとコマが、私を少しだけ変えた。あのおじさんには、今も⑤感謝している。先方は、すれ違っただけの少年に何事かを教えたとはゆめゆめ思っていないだろうが、大人の言動が子供に与える影響は、これほど大きいのだ。平素から心しておかなくてはならない。

（有栖川有栖「お客は偉くない」）

(1) ――線部①「買い手が偉いわけではない」と「私」が考えるのはなぜか。その理由がわかる一文を、――線部①よりあとから探し、はじめの三字を抜き出しなさい。（6点）

(2) ――線部②「買う時は、だれもが王様になる」とあるが、「私」が「王様」のような気持ちになったときのことが書かれている一文を文中から探し、はじめの三字を抜き出しなさい。（6点）

記述式 重要

(3) ――線部③「違和感を覚えた」とあるが、「ごちそうさま。」という「おじさん」の言葉の使い方に「私」が「違和感を覚えた」のはなぜか。文中の言葉を使って、四十字以内で説明しなさい。（10点）

(4) ――線部④「小声でぎこちなく」から読み取れる「私」の心情として最も適切なものを次から選び、記号で答えなさい。（4点）

ア 面倒くさい　イ 照れくさい
ウ 不本意だ　エ 気分が悪い

記述式

(5) ――線部⑤「感謝している」とあるが、その理由を三十字以内で説明しなさい。（12点）

〔福井〕

2 次の文章を読んで、あとの問いに答えなさい。

狭いと思っていた部屋に、どうやったらこんなにものが収まっていたのだろう。これはある意味収納上手ともいえるのか？　いやいや違う。自分では十分すっきりと暮らしていたつもりでいたのに、「つもり」というのはおそろしい。その前の引越しは、実際荷物が少なかったから、増えた荷物はどうやらここ何年かのものということだ。

単純に今あるものを片っ端からすべてダンボールに詰めるだけなら、梱包はさほど苦にならない。けれどそこに「選別」という作業が入ってくるから思うように進まなくなる。「残す」「フリーマーケットに出すか、人にあげる」「捨てる」。選ぶのは三択だから難しいことはないはずなのに、ものを前にして悩む。潔くと思いつつも、持っていたものを「捨てる」ということは、ゴミ袋が大きく膨らんでいくのと同じように、心の痛みも膨らんでいく。

キッチン道具は使うものがわかっているから迷わず即梱包。器も量は多いけど、ひたすら割れないようにしっかりと包んでいけばいい。洋服にはあまり執着がないので、気に入っているものだけを選り分けたら、本当に少しだけしか残らなかった。この辺までの作業はスムーズに進んでいた。時間がかかったのは、道具でもなく雑貨と呼ぶのともちょっと違うような、①分類のしようがない雑多なものたち。「雑多なもの」とひとくくりにして簡単に言ってしまえばそれまでだけど、これが一番難しい。拾ってきた石ころや錆びた針金。旅先のカフェの角砂糖やチケット類……挙げていったらきりがない。毎日使うものでもないし、家のどこかに飾って愛でていたわけでもない。人から見たらガラクタにしか見えないかもしれないけれど、そういったこまごましたものは私にとってどれも捨てられない大事なものなのだ。それぞれに思い入れがあって、忘れっぽいこの私が、どうやって手もとにやってきたかをひとつひとつ鮮明に思い出すことができる。「これ何だっけ?」というものはほとんどない。

すっきりと暮らすためには、きっとそういうものこそ記憶の中にだけしまいこんで、捨てる部類に入れるべきなのかもしれない。けれど私にとってそれらは、何かのアイデアソース*になったり、忘れていた記憶をフッと思い出すときのスイッチのような役割になっているようにも思える。色々と悩んだ末に、結局たくさんの中から厳選したものだけを手もとに残すことにした。

まとめた荷物を運び込む先が、まっさらの空間だったらこの作業も一度ですんだのだけど、自分が生まれ育った場所に戻るわけだったから、実家に置いていた荷物も見直さなければならなかった。こうして幸にも不幸にも、②ものとの対話という試練が同時期に二度やって来たのだ。

自分の部屋はひとり暮らしを始める前に整理したとはいえ、必要なものを運び出しただけで、ほぼそのままの状態だった。そこで選別作業をしなければ、現在の荷物を入れるスペースはない。実家でもまた何日もかけての荷物整理が始まった。さすがに何年も放置されていたものの中には、どうしても残したいものは少なく、ほとんどを処分することにしたのだけれど、当時大事に取っておいたのであろうお菓子の包装紙や袋、缶や箱、こまごまと出てきたそれらのものを見て、自分のことながら可笑しくなった。まるでカラスがキラキラ光るものを自分の巣に持ち帰って、大切にしていたみたいだ。「大して変わっていないんだな」。そう思うと苦笑いする反面、どこかでホッとしている自分もいる。好みや必要なものは年齢を重ねるごとに少しずつ変化しているとはいえ、そのときどきで大切に残しておきたい何かがあるのは悪くないなと思ったりもする。それは「あれもこれも」と抱え込んで、ものが溢れるほど残したいというのとはもちろん違うし、形があるものとも限らない。いずれにしても「これだけは」と自分が思えるものは、それがたとえガラクタのようなものでも大切に残しておきたい。

引越しが終わり、しばらく経って落ち着くと、③そんなことをつらつらと考えるようになった。煩わしいとも思えた引越し作業も、自分の今の暮らしを確認するには、良い機会になったようだ。

（中川ちえ「ものづきあい」）

＊アイデアソース＝アイデアの出どころ。

(1) ——線部①とあるが、次のうち、「雑多なもの」について文中で述べられている事柄と内容が異なるものを次から選び、記号

で答えなさい。（14点）

ア　それぞれに思い入れがあり、私にとって毎日使う捨てられない大事なもの。
イ　すっきりと暮らすためには、おそらく捨てる部類に入れるべきもの。
ウ　どうやって手もとにやってきたかを鮮明に思い出すことができるもの。
エ　人から見たらガラクタにしか見えないかもしれないこまごましたもの。

□

(2)　――線部②「ものとの……やって来た」とあるが、これは文中では具体的にどのようなことを表しているか。その内容についてまとめた次の文の□に入る言葉を、文中の言葉を用いて十字以内で答えなさい。（16点）

・同時期に二度、□ことが必要になったということ。

重要
(3)　――線部③「そんな……なった」とあるが、Aさんたちは授業において、この箇所で筆者が考えたことについて話し合いました。次の【話し合いの一部】を読んで、その中の A に入れるのに最も適切なひと続きの言葉を、文中から十一字で抜き出しなさい。また、B に入れるのに最も適切な一文を文中から抜き出し、はじめの五字を答えなさい。（16点×2―32点）

Aさん　引越しを終えた筆者はどんなことを考えていたんだろう？

Bさん　引越しの作業を通して、現在の自分も A の自分も「大して変わっていない」と思って苦笑いをする反面、ホッとしたと書かれているね。ここでは、筆者はなぜ苦笑いをしたのかな？

Cさん　「変わっていない」ことに対して苦笑いをしたのだから、今も自分が「変わっていない」ということを少し否定的にとらえたんだろうね。つまり、昔から成長していないように思われた、ということではないかな。

Aさん　そうかもしれないね。では、なぜホッとしてもいるんだろう？

Bさん　苦笑いをしたきっかけと同じことになってしまうんだけど、「変わっていない」からこそホッとしてもいるんだと思う。どうだろう？

Cさん　私もそう思うよ。本文の「 B 」という一文では、自分が特別だと思えるものが今も昔も変わらずにそのときどきであるということを、筆者は肯定的にとらえてもいるよね。つまり、自分が今も「変わっていない」ことを肯定的に感じているんだ。だからこそホッとしたんだね。

（以下、話し合いは続く）

A □□□□□□□□□□□

B □□□□□

〔大阪〕

7 事実と意見を読み分ける

Step 1 基本問題

解答▼別冊 7ページ

1 次の文章を読んで、あとの問いに答えなさい。

　アサガオの研究家のこんな話を読みました。

　アサガオは夜明けに咲きます。私たちは、①アサガオは、朝の光を受けて咲くのだと考えています。しかし、事実はそうではありません。アサガオのつぼみに二十四時間、光を当てておきます。そうして朝の光に当てる。しかし咲かなかった。

　では、どうしてアサガオは朝咲くのでしょうか。

　アサガオには朝の光に当たる前、夜の冷気と闇にさらされている時間があります。これが不可欠なのだそうです。

　この話は実に感動的で、示唆に富んでいます。私たちは、朝の光を受けて鮮やかに花開くアサガオに目を奪われがちで、アサガオには朝の光と温度が必要なのだと考えてしまいます。アサガオが、夜の冷たさと深い暗闇に包まれる時間があって、はじめて咲くことができるのだ、ということに気づかないし、忘れています。

　このことは一人ひとりの人生にも、歴史にも、なぞらえることができます。

　今、自分がここにいます。私たちを取り囲む環境があり、状況があり、それらを押しくるむ空気があります。それらが今という時代を形作っています。

　しかし、手で触れ、目で見ることができるここだけを考えていても、何もわからないでしょう。それは朝の光を受けているアサガオだけを見るようなものです。

　その前に冷たく暗い夜があってアサガオは朝の光の中で咲いているのだ、ということがわかりません。そして、アサガオを咲かせるために常に光を当て、温度を与えるような過ちを犯してしまう

重要点をつかもう

■ **論説文**

　筆者が自分の主張や見解を筋道立てて論理的に説明した文章。

■ **説明文との違い**

　説明文は実験や観察の結果わかったことや、物事の仕組みや由来などについて、事実を説明した文章である。

■ **事実と意見**

　論説文の内容や事柄を理解する第一段階は、事実と意見を読み分けることである。

〈**事実**〉〔**具体**〕例示・事実の説明
↓
〈**意見**〉〔**抽象**〕筆者自らの説

問題のヒント

(1) 抜き出す部分の文字数に気をつけよう。

ことになります。

私が忘れ去られたもの、埋もれたもの、見失われたものに関心を向けるのは、このこととつながってきます。今の自分を自分たらしめているものがそこにあると思うからです。それに気づいたとき、②私たちの生き方もより確かなものになっていくのではないでしょうか。

（五木寛之・福永光司「混沌からの出発」〈中公文庫〉）

(2) 後半の段落は「このことは」から始まる。筆者の意見は後半にある。前半の役割は何かを考える。

(3) 「それに気づいたとき」とある。「それ」の指示内容を読み取る。

(1) 《内容の把握》——線部①「アサガオ……考えています」とあるが、実際にアサガオが咲くのに必要なものは何か。文中から十七字で探し、はじめの五字を抜き出しなさい。

(2) 《段落構成の理解》この文章を、内容から前後二つの大きな段落（意味段落）に分けるとき、前半段落と後半段落の関係として最も適切なものを次から選び、記号で答えなさい。

ア 根拠とその根拠の分析
イ 意見とその意見の実証
ウ 事実とその事実に関する補足
エ 例示とその例示に基づく意見

記述式 重要

(3) 《論旨の理解》——線部②「私たちの……なっていく」とあるが、筆者の考えによれば、「私たちの生き方」を「より確かなものに」していくためには、どのようにすればよいということになるか。文中の言葉を使って六十字以内で答えなさい。ただし、句読点等も字数に含める。

〈解答欄〉

(1)

(2) 〔　　〕

(3)

解答▼別冊 8ページ

時間 40分　合格点 80点　得点　　点

【　月　日】

1 次の文章を読んで、あとの問いに答えなさい。

日本人は自己主張が苦手だと言われる。グローバル化の時代だし、もっと自己主張ができるようにならないといけないなどと言う人もいる。①でも、日本人が自己主張が苦手なのには理由がある。そして、②それはけっして悪いことではない。

では、③アメリカ人は堂々と自己主張ができるのに、僕たち日本人はなぜうまく自己主張ができないのか。

それは、そもそも日本人とアメリカ人では自己のあり方が違っていて、コミュニケーションの法則がまったく違っているからだ。

アメリカ人にとって、コミュニケーションの最も重要な役割は、相手を説得し、自分の意見を通すことだ。お互いにそういうつもりでコミュニケーションをするため、遠慮のない自己主張がぶつかり合う。お互いの意見がぶつかり合うのは日常茶飯事なため、まったく気にならない。

一方、④日本人にとって、コミュニケーションの最も重要な役割は何だろう。相手を説得して自分の意見を通すことだろうか。そうではないだろう。僕たちは、自分の意見を通そうというより前に、相手はどうしたいんだろう、どんな考えなんだろうと、相手の意向を気にする。そして、できることなら相手の期待を裏切らないような方向に話をまとめたいと思う。意見が対立するようなことはできるだけ避けたい。そうでないと気まずい。

［A］、僕たち日本人にとっては、コミュニケーションの最も重要な役割は、お互いの気持ちを結びつけ、良好な場の雰囲気を醸し出すことなのだ。強烈な自己主張によって相手を説き伏せることではない。

だから自己主張のスキルを磨かずに育つことになる。自己主張が苦手なのは当然なのだ。その代わりに相手の気持ちを察する共感性を磨いて育つため、相手の意向や気持ちを汲み取ることができる。

相手の意向を汲み取って動くというのは、僕たち日本人の行動原理といってもいい。コミュニケーションの場面だけではない。［B］、何かを頑張るとき、ひたすら自分のためというのが欧米式だとすると、僕たち日本人は、だれかのためという思いがわりと大きい。

親を喜ばせるため、あるいは親を悲しませないために勉強を頑張る、ピアノを頑張る。先生の期待を裏切らないためにきちんと役割を果たす。そんなところが多分にある。大人だって、監督のために何としても優勝したいなんて言ったりするし、優勝すると監督の期待に応えることができてホッとしていると言ったりする。

自分の中に息づいているだれかのために頑張るのだ。もちろん自分のためでもあるのだが、自分だけのためではない。

このような人の意向や期待を気にする日本的な心のあり方は、「他人の意向を気にするなんて自主性がない」とか「自分がない」などと批判されることがある。［C］、それは欧米的な価値観に染まった見方に過ぎない。

教育心理学者の東洋は、日本人の他者志向を未熟とみなすのは欧米流であって、他者との絆を強化し、他者との絆を自分の中に取り込んでいくのも、ひとつの発達の方向性とみなすべきではないかという。

そもそも欧米人と日本人では自己のあり方が違う。僕たち日本人が、率直な自己主張をぶつけ合って議論するよりも、だれも傷つけないように気をつかい、気まずくならないように配慮するのも、欧米人のように個を生きているのではなくて、関係性を生きているからだ。

心理学者のマーカスと北山忍は、アメリカ的な独立的自己観と日本的な相互協調的自己観を対比させている。

独立的自己観では、個人の自己は他者や状況といった社会的文脈から切り離され、そうしたものの影響を受けない独自な存在とみなされる。そのため個人の行動は本人自身の意向によって決まると考える。

それに対して、相互協調的自己観では、個人の自己は他者や状況といった社会的文脈と強く結びついており、そうしたものの影響を強く受けるとみなされる。そのため個人の行動は他者との関係性や周囲の状況に大いに左右されると考える。

（榎本博明「〈自分らしさ〉って何だろう？」）

(1) 《接続語の補充》 A ～ C に入る言葉をそれぞれ次から選び、記号で答えなさい。（8×3―24点）

ア すると　**イ** でも　**ウ** たとえば　**エ** つまり　**オ** あるいは

A	B	C

(2) 《論旨の理解》 ――線部①「でも、日本人が……理由がある」とありますが、その理由を解答欄に合うように、文中から十五字で抜き出しなさい。（20点）

□□□□□□□□□□□□□□□から。

(3) 《論旨の理解》 ――線部②について、筆者はなぜ「悪いことではない」と述べているのですか。その根拠が述べられている一文のはじめと終わりの五字を抜き出しなさい。（20点）

□□□□□～□□□□□

(4) 《内容の理解》 ――線部③「アメリカ人は……主張ができる」とありますが、コミュニケーションの場面において、アメリカ人が大切にしているのはどのようなことですか。文中から二十一字で抜き出しなさい。（16点）

重要
(5) 《論旨の理解》 ――線部④「日本人にとって……重要な役割」とは何ですか。文中から三十字以内で抜き出しなさい。（20点）

〔報徳学園高―改〕

8 段落をつかむ

第3章 論説文を読む

【　月　日】

Step 1 基本問題

解答▼別冊 9ページ

1 次の文章を読んで、あとの問いに答えなさい。

　世の中には芸術家や科学者、あるいは詩人のように、新しいものを生み出し続けている人々がいる。こうした人々の創作意欲はどこから湧いてくるのであろうか。おそらくさまざまな立場があるはずであるが、一つ気が付くことは、こうした創作活動に携わる人々の多くは大変旺盛な観察心を持っているということである。

　あらゆる事柄に関して旺盛な観察意欲を有しており、「なぜこんな形をしているのか?」、「なぜこんな動きをするのか?」、「なぜこんな機能を有しているのか?」、「なぜこんなに美しく見えるのか?」……といった具合に、「なぜ?」を連発するのである。

　我々は月を見た時に、「素晴らしいなあ、何ていい月なのだろう」というように感じる。［ A ］、感じ入ってしまって、それ以上新たな意識の流れというものが起こらない場合が多い。

　それに対して、月を見ていながらも「なぜこの月はこんなに美しく見えるのであろうか。」というように、自分の意識を分析しながら見ている人もいるのである。そうした分析をする人は、次に今度は自分が創造する時に、なぜ自分が感動したかということがわかっており、極めてうまく感動をデザインすることができるのである。

　たとえば、月を見ている時に、もしもこの月の背景が青だったらどうなるのか、緑色だったらどうなるのだろうかというように一つひとつ状況を変えてみることが、創造することにつながるのである。

　夜空の月を眺めた時に「美しいなあ!」と感じ入って、それにふける人はどちらかと言えば鑑賞家であって創作家ではない。あるいは尺取り虫の動きを見た時、「何ともおもしろい動きだ」と感

重要点をつかもう

■ **段落**

　文章は、いくつかのまとまりのある文の集まりから成っている。このまとまりのことを段落という。段落は形式段落と意味段落に分けることができる。

　段落は複数の文から成ることが一般的だが、一文で段落を構成することもある。段落のはじめは、必ず一字分下げる。

- **形式段落**…一字下げで始まる文のまとまり。
- **意味段落**…形式段落を意味上のつながりからまとめたもの。

■ **段落相互の関係**——文章の構成

　段落の大きなまとまりをとらえて文章の構成を理解しよう。

序論—本論—結論（三段構成）
起—承—転—結（四段構成）

じるだけでなく、その動きにリズムを感じ、それを音楽にする人や、その尺取り虫の動きの力学的解明に関心を持つ人のことである。

もちろん、鑑賞にふける人と創作する人のどちらが良いというわけではない。ただ、創作者になろうと意図している人々にとって、普段から必要な態度といえば、「なぜ?」、「どうして?」の疑問符であり、さまざまな観察物の本質や、それらの背景あるいは構造や機能を捉える努力を試みることなのである。

（飛岡健「ものの見方・考え方・表し方」）

(1) 《接続語の補充》 A に入る言葉を次から選び、記号で答えなさい。

ア つまり　**イ** なぜなら　**ウ** たとえば　**エ** あるいは　**オ** しかし

(2) 《文脈の把握》 文中から、次の一文が抜き出されている。その一文が入る最も適切な場所はどこか。入る場所の直後の五字を抜き出しなさい。

創作家とは、どうしてあの月は美しいのか、それをどう表現すれば再現できるのか、といった創作への関心に感動が移っていく人である。

(3) 《段落構成の理解》 右の文章を、「話題の提示」・「話題についての考察」・「まとめ」の三つの段落に分けるとすると、どこで分けるのが適切か。第二段落と第三段落のはじめの五字を、それぞれ抜き出しなさい。ただし、句読点等も字数に含める。

〈解答欄〉

(1) [　　]

(2) □□□□□

(3) 第二段落 □□□□□

第三段落 □□□□□

また、結論の位置により三つのタイプに分けることができる。

- **頭括型**…結論が最初にある文章。
- **尾括型**…結論が最後にある文章。
- **双括型**…結論が最初と最後にある文章。

問題のヒント

(1) A の前の一文と、この一文の関係に注意。

(2) 戻す一文の「創作家」という言葉に着目する。「創作家」について述べている段落はどこか探し、文章が正しく展開されているかを考えよう。

(3) 指示語や接続語に注意するとよい。各段落の意味上のつながりに注目する。

解答▼別冊9ページ

時間 40分　合格点 80点　得点　点　【　月　日】

1 次の文章を読んで、あとの問いに答えなさい。（1～6は、段落の番号）

1 日本人は住まい方において、内と外とを厳しく区別するという行動様式を示す。最もはっきりしたその現われは、家の中にはいる時には［A］という習慣である。今日のように鉄筋コンクリートのマンションに椅子とテーブルの生活という洋式を採用しているところでも、まずほとんどの日本人はこの風習を守り続けているであろう。もちろん、西欧社会でも、家に帰れば内履きにはきかえるということはよくあるが、それは私的な環境でくつろぐためであって、例えばお客を迎える時はきちんと靴をはくし、客も靴のまま家の中にはいって少しも怪しまない。だが日本ではお客にたいしても靴を脱ぐことを当然のこととして要求するので、慣れない外国人は当惑するということになる。空間構造はつながっているように見えながら、行動様式では内と外は明確に区別されているのである。

2 このことは、間仕切りの曖昧な家の中においても同じである。お客にたいして、靴の代わりに室内用のスリッパを提供するというのは、今ではごく普通に行われている。だがそのスリッパも、板の間や廊下ならよいが、畳の座敷に上がる時は再び脱がされる。というよりも、普通の日本人なら、スリッパのまま畳の部屋にはいることには、大きな［B］があるであろう。あるいは、たいていの家では、便所にはまた別の専用のスリッパがあって、そこでまたはきかえるということになる。日本人にとっては、それはごく当たり前のことだが、西洋人にはそのような感覚がないから、便所のスリッパのまま畳の部屋にはいりこんで主人をあわてさせたりするのである。

3 このような家の内と外、部屋の内と外の区別は、物理的というよりもむしろ心理的なものである。つまりそれは、意識の問題であり、価値観の問題である。

4 どの社会にも、①聖なる空間を大切にする習慣があって、そのために立派な教会堂や荘厳な神社が建てられる。だが西欧の教会建築は壁によって内外の区別がはっきりしており、壁の内部は聖なる場所で、壁の外は俗世間ということがかたちの上でも明確だが、日本の神社で聖なる空間を示すものは、物理的には境界として何の役にも立たない鳥居である。つまり一歩鳥居をくぐれば神の空間であるというのは、もっぱらわれわれの意識の問題なのである。

5 似たような例として、お寺や日本式料亭の庭の飛石の上に、時に、十文字に縄をかけた小さな石が置かれていることがある。これは関守石と呼ばれるもので、ここから先は立入禁止というしるしである。だがこれも、その気になれば簡単にまたいでいけるもので、物理的には何の＊障碍にもならない。関守石の存在によって空間が区別されるのは、われわれの意識のなかにおいてである。

6 このように、眼に見えないかたちで内外の区別が成立するためには、鳥居や関守石の意味についての共通の理解を前提とする。その共通の理解を持った集団、ないしは共同体が日本人にとっては②「身内」であり「仲間」であって、その外にいる者は「よそ者」ということになる。日本の家がしばしば「うち」と呼ばれるように、家族は「身内」の代表的なものであるが、時と場合によっては、それは地域社会であったり職場の組織であったりする。サラリーマンが「うちの会社」と言う時は、会社全体が「身内」である。つまり「身内」は、ある関係性のなかで成立するもので、そのことが、日本人の行動様式を外国人にわかりにくいものにしていると言ってよいであろう。関係性は時によって変わるものだからである。

（高階秀爾「西洋の眼　日本の眼」）

＊障碍＝さまたげ。

(1)《文脈の把握》［A］に入る言葉を、文中から四字で抜き出しなさい。（14点）

(2)《語句の補充》［B］に入る言葉を次から選び、記号で答えなさい。（12点）

ア　優越感　イ　抵抗感　ウ　不安感
エ　危機感　オ　臨場感

(3)《論旨の理解》――線部①「聖なる空間」とあるが、西欧と日本では「聖なる空間」の内と外は、どう区別されていると筆者は考えているか。西欧と日本の違いがわかるように、二十五字以上三十五字以内で答えなさい。（24点）

(4)《論旨の理解》――線部②「身内」とあるが、筆者は「身内」をどんなものと考えているか。日本における「身内」の特徴を明らかにして、三十字以上四十字以内で答えなさい。（30点）

(5)《段落構成の理解》この文章は［1］〜［6］の六つの段落からできているが、意味の上から三つに分けたとき、分け方として最も適切なものを次から選び、記号で答えなさい。（20点）

ア　［1］と［2］・［3］・［4］と［5］・［6］
イ　［1］・［2］と［3］と［4］・［5］・［6］
ウ　［1］・［2］と［3］・［4］と［5］・［6］
エ　［1］・［2］・［3］と［4］と［5］・［6］
オ　［1］・［2］・［3］と［4］・［5］と［6］

〔熊本〕

ワンポイント
各段落の要旨を正確にとらえることがまず必要である。各段落の要旨をとらえたら、指示語や接続語に着目して段落相互の関係を読み取り、大きなまとまりをとらえよう。

文脈をつかむ

【　月　日】

Step 1 基本問題

解答▼別冊10ページ

1 次の文章を読んで、あとの問いに答えなさい。（[1]〜[6]は、段落の番号）

[1] われわれは、突然思ってもみなかったことを言われたり、行動されたりすると、驚いてしまうものである。これが意表をつかれるということである。意表をつかれると、われわれの心理状況はどのようになるのであろうか。（ア）次に考えてみよう。

[2] われわれは、意表をつかれると、予期していないことが現実に起こることによって、一瞬どう対応していいのかわからなくなってしまう。一種のパニック状態に陥るのである。そのために、考えをまとめきれなくなってしまう。考えるということは、理性の働きであるから、考えをまとめきれないということは、理性の真空状態ができてしまうことを意味する。これは、それまで抑えつけられていた感情や欲望が、そこに入り込むチャンスが生まれたということである。それまで本音を覆っていたベールが取り払われ、本音を話すことへのブレーキ役がどこかに行ってしまう。（イ）

[3] われわれは、だれもが本音を言いたいと思っている。本音を言いながら生きていけたら最高だと思っている。それが証拠に、本音で生きている人を見ると、人はみな*羨望の眼差しを向ける。しかし、現実にはなかなか本音を言えないでいる。（ウ）本音を言ってしまったら、仕事や人間関係に*破綻をきたすことになると恐れているのである。だから、隙さえあれば、本音はどこかで出現しようと待ち構えている。その隙の一つが意表をつかれたときなのである。

[4] それでは、どうしたら相手の意表をつくことができるのであろうか。いっしょに考えてみよう。

[5] なんといっても、相手のことをよく調べておかなければならない。そして、「まさか、こんなことを知ってるなんて」、「まさか、そんなことを言われるなんて思ってもいなかった」などと、相手に「まさか」と思わせるようなことを言ってみる。そのためには、あなたが相手のことを絶えず

重要点をつかもう

■ 文脈

・文脈とは、文章における文と文の間にある論理的なつながりや続き具合のこと。

・読解の際に重要な文と文の関係に注意しよう。特に、次の三点は必ずおさえよう。

①**対比・対照**…性質の異なる二つのものを引き比べて、違いを明確にする。

②**言い換え**…筆者の考えや主題などは、別の表現を使って繰り返し述べることが多い。

③**具体と抽象**…具体は姿や形、内容をもっていて、はっきりと目に見えること。抽象は多くの物事が共通にもつ一般的な性質だけを抜き出すこと。

例 おかゆやうどんは消化に良い食べ物だ。

気にとめておかなければならない。気にとめるということは、相手に対する問題意識をもっているということであり、その問題意識が、あなたにいかに意表をつくかというアイデアをもたらしてくれるのである。相手の意表をうまくつくためには、創造力がなければならない。創造力は、問題意識と A のなかから自然に生まれてくるものであり、普段からの地道な努力が必要なのである。

(エ)

6 ときには相手の B ことも、本音を聞き出すためには、必要なことである。

（高嶋幸広「聞き上手になる本」）

＊羨望＝うらやましく思うこと。　＊破綻＝物事がうまくいかなくなること。

(1)《言い換え》——線部「思ってもみなかったこと」とほぼ同じ意味の言葉を 1 ・ 2 の段落から九字で抜き出しなさい。

(2)《文脈の把握》文中から、次の一文が抜き出されている。その一文が入る最も適切な場所はどこか。文中の(ア)～(エ)から選び、記号で答えなさい。

こうして、いつでも本音を話しやすい状況ができあがるのである。

(3)《語句の補充》 A に入る言葉を次から選び、記号で答えなさい。

ア 仕事　イ 混乱　ウ 調査　エ 一瞬

(4)《語句の補充》 B に入る言葉を十字以内で答えなさい。

〈解答欄〉

(1)

(2) [　　]

(3) [　　]

(4)

■ キーワード

読解の鍵となる重要な言葉。文中に繰り返し出てくる言葉に注意する。

■ キーセンテンス

各形式段落の要点を端的に表した文で、最終段落に結論が示されることが多い。

問題のヒント

(1) 「思ってもみなかったこと」を言い換えてみるとどうなるか、予測を立てながら文脈をつかんでみよう。

(2) 「こうして」に着目する。

(3) 創造力は何から生まれるか。「問題意識」ともう一つ。言い換えである。

(4) 結論は、キーワードを含む一文になっている。キーワードを含む一文になっている。Bは本文のキーワードである。

解答▼別冊10ページ

時間 40分　合格点 80点　得点 　点

【　月　日】

1 次の文章を読んで、あとの問いに答えなさい。

【 a 】

言語がヒトの思考に重要な役割を持っていることは私も認めるところです。

[A]、言語と脳はそれほど長い付き合いではありません。脳（の原型）が完成したのは、化石の調査結果から、5億年ほど昔だと推測されています。一方、言語が生まれた時期については諸説ありますが、とりあえず、およそ10万年前であったとしましょう。両者の期間を比較すれば、言語がどれほど新しい機能かが理解いただけるでしょう。

[B]、脳が誕生して現在までの5億年間を一年間に短縮して、両者の時間を比較してみましょう。[C]脳に言語が生まれたのは大晦日12月31日の夜10時以降であることがわかります。

[D]、脳が言語を扱うようになったのはごく最近であって、それ以前は、非言語的な身体世界に脳が暮らしていたことになります。ですから、言語化することで、なんとなく理解した気分になってしまうのは、脳から見れば、なんともこっけいで奇妙な癖だとしか言いようがありません。

【 b 】

こうした身体性に関する一連の考察を、*卑近な例に思い切って飛躍させてみたいと思います。

つまり、日頃の身体経験の重要性を*謳いたいのです。

ヒトの脳は、身体の省略という美味しい「芸当」を覚えたがゆえに、身体性を軽視しがちです。身体を動かさずに、頭の中だけで済ませたほうが楽なのはよく理解できます。しかし脳は、元来は身体とともに機能するように生まれたものです。

手で書く、声に出して読む、砂場で遊ぶ——活き活きとした実体験が、その後の脳機能に強い影響を与えるだろうことを、私は日々の脳研究を通じて直観しています。

勉強部屋や教室をメインに成長した人と、野山や河原を駆け回って成長した人では、身体性の豊かさの差は明白です。机上の勉強はもちろん大切です。しかし、教育重視の家庭に時折みられるように、公園のジャングルジム遊びなどの屋外経験ですら「落ちたら危険」「バイ菌で汚い」などと回避することは、脳の本質から少しずれているようにも感じます。

精神と身体は切り離して考えることはできません。心は脳にあるのではありません。心は身体や環境に散在するのです。

【 c 】

もっと考察を進めましょう。

脳には入力と出力があります。いや、身体感覚（入力）と身体運動（出力）の二点こそが、脳にとって外部接点のすべてです。ですから、入力と出力はともに重要です。

しかし、入力と出力、あえてどちらが重要かと問われれば、私は躊躇なく「出力」と答えます。感覚ではなく、運動が重要ということです。

理由のひとつは、第13章で書きました。脳は出力することで記憶すると。脳に記憶される情報は、どれだけ頻繁に脳にその情報が入って来たかではなく、どれほどその情報が必要とされる状況に至ったか、つまりその情報をどれほど使ったかを基準にして選択されます。

このことは、第11章で書いた「笑顔」の効果とも関連します。笑顔に似た表情を作るだけで愉快な気分になるという実験データです。E、つまり、笑顔という表情の出力を通じて、その行動結果に見合った心理状態を脳が生み出すのです。やはり出力が先です。

（中略）

「やる気」も同様です。やる気が出たからやるというより、やり始めるとやる気が出るというケースが多くあります。年末の大掃除などはよい例で、乗り気がしないまま始めたかもしれませんが、いざ作業を開始すると、次第に気分が乗ってきて、部屋をすっかりきれいにしてしまったという経験は誰にでもあるはずです。やる気は、行動の原因ではなく、しばしば行動の結果です。

「何事も始めた時点で、もう半分終わったようなもの」とはよく言ったものです。私たちの脳が「出力を重要視する」ように設計されている以上、出力を心がけた生き方を、私は大切にしたいと思っています。

（池谷裕二「脳には妙なクセがある」）

＊卑近な＝身近でわかりやすい。　＊謳いたい＝明確に主張したい。

(1)《接続語の補充》A～Dに入る語をそれぞれ次から選び、記号で答えなさい。（8点×4―32点）

ア なぜなら　イ いずれも　ウ さて　エ もし
オ つまり　カ しかし　キ たとえば　ク すると

A	B	C	D

(2)《語句の補充》Eに入る語句を次から選び、記号で答えなさい。（16点）

ア 楽しくしようとして笑い、笑おうとして楽しむ
イ 楽しくなければ笑わないし、笑うときは楽しい
ウ 楽しいのに笑わないし、笑っていても楽しくない
エ 楽しいから笑うのではなく、笑うから楽しい

(3)《論旨の理解》――線部「出力を重要視する」の説明として最も適切なものを次から選び、記号で答えなさい。（16点）

ア 試行錯誤を繰り返すうちに最善の行動様式が見つかること。
イ 行動するとやる気が出る能力が隠されていたと気づくこと。
ウ 行動することで気力や感情感覚が形成されること。
エ 行動することで困難を克服する根性や気合が育成されること。

重要
(4)《段落構成の理解》文中の【a】～【c】に入る小見出しとして、最も適切なものをそれぞれ次から選び、記号で答えなさい。（12点×3―36点）

ア 言語の役割って、なに?!　イ 何事も始めたら半分は終了?!
ウ 脳に言語が生まれたのは、いつ?　エ 心はどこにあるのか

a	b	c

〔十文字高―改〕

指示語・接続語のとらえ方

【　月　日】

Step 1 基本問題

解答▼別冊11ページ

1 次の文章を読んで、あとの問いに答えなさい。

現在の日本が抱えている問題は、大部分、われわれが今日の国際社会の中で行動するにつれて擡＊頭して来たものだといえます。そして今日の国際社会は、良かれ悪しかれ世界の「標準語」というべき近代文明、つまりは西洋文明の力と論理によって運営されています。［A］日本の文化と国民性の本質を歴史的に考察するにしても、まずは、日本が西洋と接触していた時代に目を向けるのが有効な手がかりになるはずです。

そう考えると、室町時代から桃山時代にかけてのあの百年間、すなわち十六世紀という時代は、①興味深い実験室の役割を果たすようです。というのは、この時期、日本が大規模に接触することになった西洋文化は、すでに近代の性格を十分に帯びていながら、幕末期とはちがってその背後に暴力を伴っていなかったからです。日本の近代化は一面、日本が西洋によって暴力的にこじ開けられたという要素を否定できないわけで、まさにそのことも加わって、日本人は自分の西洋的な生活風俗に一種の違和感を抱きつづけて来た、ともいえるでしょう。［B］、室町時代、日本を初めて訪れた西洋の宣教師たちは、日本の社会や政権を直接脅かすような軍事力を伴っていませんでした。いいかえれば、このとき、日本は西洋に対して意に反してみずからを開かなければならない事情はなかったわけで、したがって、このときの西洋接触は、本質において内発的なものだったと見ることができます。さらにいえば、それゆえ②この接触で日本人が示したさまざまの性格は、少なくとも幕末のそれに較べて、日本人の本性により近いものだった、ということもできるでしょう。

（山崎正和「混沌からの表現」）

＊擡頭＝勢力を得てくること。台頭。

重要点をつかもう

■ 指示語

①指示語とは

いわゆる「こそあど言葉」のことで、文中に一度出て来た事柄について、同じ表現を繰り返さずにその内容を示すために使われる言葉。

例 これ・それ・あれ・どれ・この・その・あの・どの

②指示語内容のとらえ方

- 指示語を含む一文をまず読む。
- 繰り返しをさけるため、指示内容は指示語より前に来ることが多いので、直前部から前を探す。ない場合はあとの部分にも着目する。
- 指示内容をとらえたら、指示語と置き換えて文意が通じるか確認する。

(1)《接続語の補充》[A]・[B]に入る言葉をそれぞれ次から選び、記号で答えなさい。
ア しかし　**イ** それでは　**ウ** したがって　**エ** つまり

(2)《文脈の把握》――線部①「興味深い実験室の役割を果たす」とあるが、なぜ筆者は「十六世紀という時代」を「興味深い実験室」だというのか。最も適切なものを次から選び、記号で答えなさい。
ア 十六世紀には、日本では外国文化の種々の成果が西洋諸国の力と論理によって、縦横に取り交わされ融合させられていたから。
イ 十六世紀には、数々の外国文化が日本に到来して、それらが入り混じることによって独自な結果を見せていたから。
ウ 十六世紀には、外国文化を取り入れるのに際して、幕末期とは異なり日本人の本性に根ざす様々な性格が発現していたから。
エ 十六世紀には、日本人は外国文化に不適応を感じ、その解消のために様々な好奇心を発揮して多くの文物を取り入れていたから。
オ 十六世紀には、日本人はその国民性によって、外国文化のうち将来的に何を残すかという選択を無意識にしていたから。

(3)《指示内容の理解》――線部②「この接触」とあるが、この特徴を表している部分を十二字で探し、抜き出しなさい。ただし、句読点等も字数に含める。

〔洛南高―改〕

〈解答欄〉
(1) A［　　］　B［　　］
(2) ［　　］
(3) □□□□□□□□□□□□

■ 接続語
① 接続語とは
語句や文、段落をつなぐ働きをする言葉。
② 接続語のとらえ方
- 接続語の種類を理解する。
順接 例だから・したがって
逆接 例しかし・ところが
並列・累加 例また・そして
対比・選択 例あるいは・もしくは
説明・補足 例つまり・ただし
転換 例ところで・さて
- 何をつなげているのかを理解する。
- 前後の内容がどのような関係でつながっているのかを確認する。

問題のヒント
(1) [A]・[B]の前後の文の関係を考える。
(2) 直後の「というのは」に着目すれば、理由がわかる。
(3) ――線部②の「この」が指す内容を探せばよい。

解答▼別冊11ページ

時間 40分　合格点 80点　得点 　点

【　月　日】

1 次の文章を読んで、あとの問いに答えなさい。

「人間は生きものであり、自然の中にある」。これから考えることの基盤はここにあります。これは誰もがわかっていることであり、決して新しい指摘ではありません。しかし、現代社会はこれを基盤にしてでき上がってはいません。そこに問題があると思い、改めてこのあたりまえのことを確認するところから出発したいと思います。

まず、私たちの日常生活は、生きものであることを実感するものになっているでしょうか。朝気持よくめざめ、朝日を浴び、新鮮な空気を体内にとり込み、朝食をおいしくいただき……これが生きものの暮らしです。めざまし時計で起こされ、お日さまや空気を感じることなどまったくなしに腕の時計を眺めながら家をとび出す……実際にはこんな朝を過ごすのが、現代社会の、とくに都会での生活です。ビルや地下街など、終日人工照明の中で暮らすのが現代人の日常です。これでは①生きものであるという感覚は持てません。

生きものにとっては、眠ったり、食べたり、歩いたりといった「日常」が最も重要です。ですから、その日常のあり方を変革し、皆があたりまえに自然を感じられる社会を作ればよいのですが、ここまできた近代文明社会を一気に変換するのは難しいでしょう。

【 a 】、ここでの提案は、まずは一人一人が②「自分は生きものである」という感覚を持つことから始め、その視点から近代文明を転換する切り口を見つけ、少しずつ生き方を変え、社会を変えていきませんかということです。一人一人の気持が変わらないまま、たとえばエネルギーだけを脱原発、自然再生エネルギーに転換と唱えても、今すぐの実現は難しいでしょう。しかもそれはあまり意味がありません。自然エネルギーを活用する「暮らし方」が大切なのであり、その基本が「生きものである」という感覚なのです。

近代文明をすべて否定するのでなく、生きものとしての感覚を持てるようにするところから転換をはかろうとするなら、生物学に大事な役割が果たせるはずと考えています。【 b 】私自身この分野で学んだがゆえに、とくに意識せずに「生きものである」という感覚を身につけることができ、日常を③それで生きていけると実感するからです。簡単な例をあげるなら、購入した食べ物が賞味期限を越えてしまったような時でも、それだけで捨てることができません。まだ食べられるかどうか、自分の鼻で、舌で、手で確認します。

鼻や舌などの「感覚」で判断するとはなんと[A]な、そんなことで大丈夫なのか、もっと「科学的」でなければいけないのではないかと言われそうです。科学的とは多くの場合数字で表わせるということです。具体的には冷蔵庫から取り出したかまぼこに書かれた日時をさすわけです。[B]な場所で製造されお店に出されていると信じ、[C]の目安として書かれている期限を見て、その期間に食べているわけです。それを科学的と称しているけれど、これでよいのでしょうか。こうした判断のしかたは、私には、④自分で考えず科学という言葉に任せているだけに思えます。「科学への盲信」で成り立っているように思います。

【 c 】、「感覚」だけではわからないことがたくさんあります。科学を通じて微生物による腐敗や毒物の生成などの危険性を知り、それに対処することは重要です。しかし、賞味期限内であれば危険はなく、それを過ぎたら危険と、数字だけできまるものではありません。科学的な知識があったとしても、毎日の生活の中で自分で病原菌や毒物を検出し、その食べ物が危険かどうかをチェックするわけではないのですから、科学による「保証」の限界を知ることが大事です。

（中村桂子「科学者が人間であること」）

(1) 《接続語の補充》【 a 】～【 c 】に入る語をそれぞれ次から選び、記号で答えなさい。（8点×3―24点）

ア もちろん　イ ところが　ウ なぜなら
エ つまり　オ そこで

a	b	c

記述式
(2) 《具体化》――線部①「生きもの……持てません。」とあるが、なぜ持てないのか、具体的に説明しなさい。（20点）

記述式
(3) 《具体化》――線部②「『自分は……感覚を持つこと』」とあるが、どういうことか。具体的な例を文中から探して答えなさい。（16点）

(4) 《指示内容の理解》――線部③「それ」の指示内容を文中から抜き出しなさい。（15点）

(5) 《語句の補充》A～Cに入る言葉の組み合わせを次から選び、記号で答えなさい。（10点）

ア A 非科学的　B 一般的　C 可分性
イ A 非科学的　B 衛生的　C 安全性
ウ A 科学的　B 一般的　C 安全性
エ A 科学的　B 衛生的　C 可分性

重要
(6) 《言い換え》――線部④「自分で……るだけ」と同じ内容の言葉を文中から抜き出しなさい。（15点）

〔千葉日本大第一高〕

11

第3章 論説文を読む

要旨をつかむ

【　月　日】

Step 1 基本問題

解答▼別冊12ページ

1 次の文章を読んで、あとの問いに答えなさい。

「科学者」は、もはや、誰に対しても責任をとることを求められず、「真理」のためと称して、自分の同僚（同じ専門分野の研究者）だけのために論文を書くことを行動様式とするような研究者であることを許されない。

あらためて、社会と人類とに対して責任を持つことを、その倫理として確認し、そのことに向かって「研究」を行うことを誓約することが、研究者の資格として容認されることになる。しかも、一つ付け加えておかねばならないことは、そこで言う「社会と人類」とは、決して、今、この地上に生きる「人間」とそれが構成する「社会」だけではないという点である。これから先地上に生まれ出るであろう、われわれのいまだ見ぬ子孫、何代も後に生きているであろう将来の「人間」に対しての責任を負うているという明確な意識こそが重要なのである。

それは同時に、そうした遠い将来における人類のすみかとしての地球環境全体にも及ぶ責任ということにならざるを得ない。なぜなら、人類はこの地球に生まれ、そしてそこで死んでいくことを基本的に運命付けられており、そうであるならば、将来の人類が生きていくために、今われわれに課せられた責任の中には、将来の人類が生活する環境を＊毀損しない、あるいはできる限り安全であるように保全する、という責任も含まれることになるからである。

それは逆に見れば、われわれの手にある科学技術の力が、そこまで大きくなったことの必然的結果でもある。フロン・ガスを大量に使用してオゾン・ホールを造り出したのも、科学技術の活動の結果であるなら、オゾン・ホールを見つけだし、それとフロン・ガスとの①因果関係を見定め、かつその事実と、紫外線の過剰による皮膚がんの増加など、将来に見通される可能な危険とを結び付け

重要点をつかもう

■ 要旨

文章全体を通して筆者が最も言いたいことをまとめたもの。

■ 要旨のつかみ方

① 話題を確認する

② 段落ごとの要点をとらえる

③ 文章全体の構成をおさえ、結論を述べている意味段落を探す

④ 結論の内容に、他の意味段落ごとの要点を必要に応じてつけ加え、筋道立ててまとめる

↓

キーワードなど本文中の語句を用いた簡潔な文にまとめる。

㊟ 要旨には具体例は記さない。

るのもやはりその結果であった。われわれの知識と技術とが、われわれ自身のみならず、われわれの見ることのない遥かな将来にまで、影響を与えるほどに大きくなったという状況こそ、あるいは、そのことに気付くこともできるようになったという状況こそ、科学技術自身が生み出した科学技術を巡る最も重要な「新しい事態」であるのかもしれない。そして、そのことが、科学技術そのものの改革を求め、科学技術に携わる研究者の資格と、その責任に対しても、変革を求めている。

そして、科学者や研究者は、まさしくそのような変革の要求に対応して、②新しい行動様式の衣を着るべきなのである。

（村上陽一郎「科学者とは何か」）

＊毀損＝こわすこと。

記述式 (1) 《文脈の把握》――線部①「因果関係」とあるが、この場合の原因と結果をそれぞれ「……こと。」に続くように答えなさい。

記述式 (2) 《論旨の理解》――線部②「新しい……着るべき」とあるが、筆者はどのような行動を求めているか。「……こと。」に続くように、三十字以内で答えなさい。ただし、句読点等も字数に含める。

(3) 《論旨の理解》本文の内容と合うものを次から選び、記号で答えなさい。

ア 現在の科学者は、将来起こる新しい事態をすべて予測して望ましい方向に変えていく力量を備えてきた。
イ 科学技術にかかわる新しい事態は、研究者としての資格と責任に対する考え方を変えるよう迫っている。
ウ 現代の研究者は、科学技術が将来の人類と地球環境に影響を及ぼすという新しい事態に気付いていない。
エ 科学技術を取り巻く新しい事態は、科学者の研究目的を環境の保全に集中させるという結果を招いた。

問題のヒント

(1) 「それとフロン・ガスとの因果関係」とあるから、「それ」の内容をまずつかむ。
(2) 第二段落以下が「新しい行動様式」である。キーワードをとらえる。
(3) 本文は「科学者や研究者」の何を問題にしているのかをおさえる。

〈解答欄〉

(1) 原因

こと。

結果
こと。

(2)
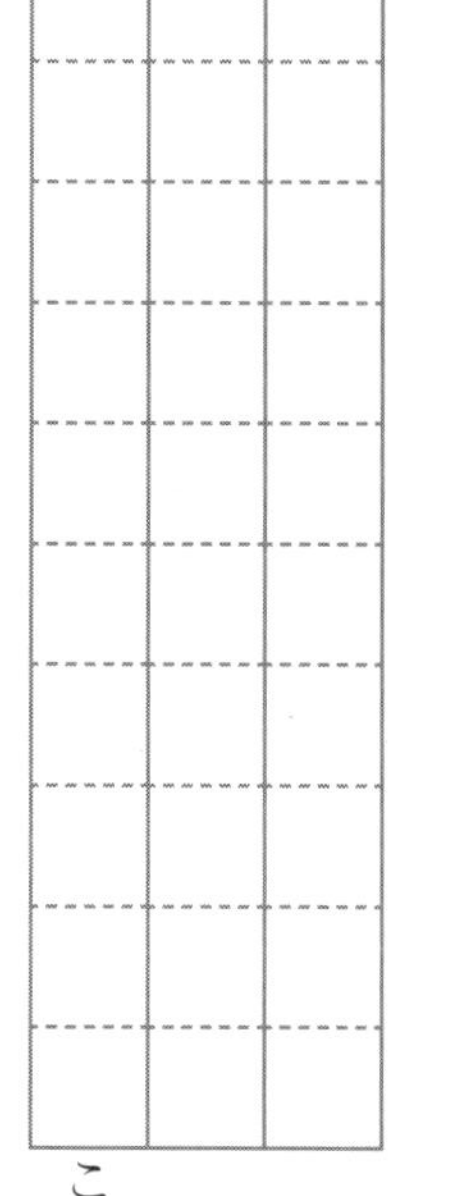
こと。

(3) [　　]

Step 2 標準問題

解答▼別冊12ページ

時間 40分　合格点 80点　得点　　点

【　月　日】

1 次の文章を読んで、あとの問いに答えなさい。

娯楽という観念は恐らく近代的な観念である。それは機械技術の時代の産物であり、この時代のあらゆる特徴を具えている。娯楽というものは生活を楽しむことを知らなくなった人間がその代りに考え出したものである。それは幸福に対する近代的な代用品である。幸福についてほんとに考えることを知らない近代人は娯楽について考える。

娯楽というものは、簡単に定義すると、他の仕方における生活である。この他とは何であるかが問題である。この他とは元来宗教的なものを意味していた。従って人間にとって娯楽は祭としてのみ可能であった。

かような観念が失われたとき、娯楽はただ単に、働いている時間に対する遊んでいる時間、真面目な活動に対する享楽的な活動、［A］「生活」とは別の或るものと考えられるようになった。楽しみは生活そのもののうちになく、生活の他のもの即ち娯楽のうちにあると考えられる。一つの生活にほかならぬ娯楽が生活と対立させられる。生活の分裂から娯楽の観念が生じた。娯楽を求める現代人は多かれ少なかれ二重生活者としてそれを求めている。近代的生活はそのように非人間的になった。生活を苦痛としてのみ感じる人間は生活の他のものとして娯楽を求めるが、その娯楽というものは同じように非人間的であるのほかない。

娯楽は生活の附加物であるかのように考えられるところから、それはまた断念されても宜いもの、むしろ断念さるべきものとも考えられるのである。

祭は他の秩序のもの、より高い秩序のものと結び附いている。［B］生活と娯楽とは同じ秩序のものであるのに対立させられている。むしろ現代における秩序の思想の喪失がそれらの対立的に見られる根源である。

他の、より高い秩序から見ると、人生のあらゆる営みは、真面目な仕事も道楽も、すべて*慰戯（divertissement）に過ぎないであろう。*パスカルはそのように考えた。①一度この思想にまで戻って考えることが、生活と娯楽という対立を払拭するために必要である。娯楽の観念の*根柢にも*形而上学がなければならぬ。

たとえば、自分の専門は娯楽でなく、娯楽というのは自分の専門以外のものである。画は画家にとっては娯楽でなく、会社員にとっては娯楽である。音楽は音楽家にとっては娯楽でなく、*タイピストにとっては娯楽である。かようにしてあらゆる文化について、娯楽的な対し方というものが出来た。そこに現代の文化の堕落の一つの原因があるといえるであろう。

現代の教養の欠陥は、教養というものが娯楽の形式において求められることに基いている。専門は「生活」であって、教養は専門とは別のものであり、このものは結局娯楽であると思われているのである。

専門という見地から生活と娯楽が区別されるに従って、娯楽を専門とする者が生じた。彼にとってはもちろん[X]は[Y]であって、[X]であることができぬ。そこに純粋な娯楽そのものが作られ、娯楽はいよいよ生活から離れてしまった。（中略）

娯楽が生活になり生活が娯楽にならなければならない。生活と娯楽とが人格的統一に齎されることが必要である。生活を楽しむということ、従って[Z]というものがその際根本の観念でなければならぬ。

娯楽が芸術になり、生活が芸術にならなければならない。生活の技術は生活の芸術でなければならぬ。

娯楽は生活の中にあって生活のスタイルを作るものである。娯楽は単に消費的、享受的なものでなく、生産的、創造的なものでなければならぬ。単に見ることによって楽しむのでなく、作ることによって楽しむことが大切である。

（三木清「人生論ノート」）

＊慰戯＝（劇・オペラなどの）幕間の出し物、演芸。
＊パスカル＝フランスの哲学者、数学者、物理学者。
＊根柢＝「根底」に同じ。
＊形而上学＝現象を超越し、その背後に在るものの真の本質、存在の根本原理、存在そのものを純粋思惟あるいは直観によって探求しようとする学問。
＊タイピスト＝タイプライターを打つのを職業とする人。

(1) 《接続語の補充》[A]・[B]に入る語をそれぞれ次から選び、記号で答えなさい。（20点×2—40点）

ア しかるに　イ たとえば　ウ まさか
エ つまり　オ さて

A	B

(2) 《語句の補充》[X]～[Z]に入る語の組み合わせを次から選び、記号で答えなさい。（20点）

ア X＝生活　Y＝専門　Z＝芸術
イ X＝生活　Y＝娯楽　Z＝文化
ウ X＝娯楽　Y＝生活　Z＝幸福
エ X＝娯楽　Y＝文化　Z＝余裕

[ ]

(3) 《具体化》——線部①「一度この……考えること」とあるが、それはどのようなことか。その説明として最も適切なものを次から選び、記号で答えなさい。（20点）

ア 娯楽は生活の附加物であるとし、区別して考えること。
イ 生活と娯楽は同時期から存在したとし、区別せずに考えること。
ウ 生活と比べれば娯楽は慰戯にすぎず、別物として考えること。
エ 生活と娯楽を高い秩序から見て、抽象的に対立させずに考えること。

[ ]

重要

(4) 《論旨の理解》娯楽に対する筆者の考え方の説明として最も適切なものを次から選び、記号で答えなさい。（20点）

ア 娯楽が生活になり、生活が娯楽になるという相互関係は必ずしも必要ではない。
イ 娯楽は機械技術の時代の産物であるが、この時代の特徴はあまり具えていない。
ウ 娯楽は消費的、享受的なものではなくて、生産的、創造的でなければならない。
エ 娯楽は自分の専門以外のものであり、あらゆる文化に娯楽的な対し方をするべきである。

[ ]

〔國學院高—改〕

Step 3 実力問題

解答▼別冊13ページ

時間 40分　合格点 80点　得点 点

【 月 日】

1 次の文章を読んで、あとの問いに答えなさい。

ミロのヴィーナスには手がない。もとはあったものが失われてしまったものと見られる。これは偶然(ぐうぜん)がこしらえた半トルソー*とも言うべきものである。原型がどういうものであったか、いまとなってはだれにもわからないが、現在の形のままで、すぐれた芸術品なのだから、①偶然がこしらえた芸術ということになるであろう。しかし、あの像に手があったらどうであろうか、という空想は、多くの人々の頭をかすめるもののようである。何でもあの像が発見された場所の近くに腕(うで)が見つかったということで、それがあの像の腕ではないかという意見があり、それをつけようという試みもなされたらしい。このあたりは、すべて人からきいた話で、根本の知識はまことに心もとない。

ミロのヴィーナスに腕をつけようとする態度の裏にあるものは、芸術は原型がもっともすぐれているという考え方である。まざりもののある形や、模写や、破損されたものは、原型よりも、必ず劣(おと)っている。原型に復することのできるものは原型にすべきであるという考え方である。両腕のないミロのヴィーナスは十分美しいのに、破損されたものなら、もとの型を復原しようという気持ちが人々の心の中にうごめいているらしい。両腕をつけたら、きっとそれだけ美しくなるという保証はどこにもないのに、とにかく原型を尊重する態度のあることは注目に値(あたい)しよう。完全なものがよい、純粋(じゅんすい)なものがよい、流れのさきのほうよりも、発端(ほったん)のところをきわめたい――こういう②源泉主義思想ともいうべきものが人間の心の中に宿っているらしい。

これが芸術においては、模写、模倣(もほう)より原作、原型を価値あるものと感じさせ、歴史においては、事象を究極のところまで遡(さかのぼ)って明らかにしようとする方法をとらせるようになる。書物や文学の世界では、すべての表現は、作者、著者の書いた通りのテクスト（原本）にもっとも価値があるとする文献(ぶんけん)学的な考え方が、やはり、この源泉主義に拠(よ)っている。

原型、純粋、絶対、完全――こうしたものを求め、また求めて得られると考え、それを尊重するのは、いわば楽天的思想*である。こういう思想が近代悪の社会の中から生まれてきたことは興味深い現象である。われわれは、普通(ふつう)、不完全で、不純で、崩(くず)れた形のものにしか接することができない。メートル原器を一度も実見したことのない人間が、みんな目の前の物差しを一メートルであると信じている。

シェイクスピアの原稿(げんこう)を見た人はいまの世界中に一人もいないが、多勢の人はその作品に感動している。古城の廃墟(はいきょ)はそのままで美しいのである。原型に復そうとして、かえって、つまらぬものにしてしまった例は少なくない。

お城の復旧工事がほうぼうで行われるが、建築的復旧がときに美的破壊(はかい)であることが反省されているであろうか。金閣(きんかく)寺が焼けて、あとにできた建物は原型がそうであったであろうように金色燦然(さんぜん)*としているが、われわれは、それをむしろ悪趣味と感じる。足利義満が建てた当時の金閣寺もまたある種の悪趣味をただよわせていたのではなかろうか。時の流れがその悪趣味なところを洗い落とし、＊いぶしをかけて、＊渾然たる芸術にしていた。焼けて復原するとまた悪趣味が露骨にあらわれる。

源泉主義は必ずしも芸術に組しない。むしろ、③時間や空間が行う破壊作用の中にこそ美を生ずる力があると考えるべきであろう。歴史がしだいに原型を崩して美をつくり上げたとき、それを見た人間が、その美の由ってくるところを深く考えないで、ただ原型復帰を願うというのは、矛盾した行為である。さいわいに多くの場合、原型は失われていて、復原できないからよい。それがわかっている場合でもなお、源泉主義思想が根づよく働いているのはおどろくべきことである。

ミロのヴィーナスは、そういう源泉主義に対して、欠損、不完全、偶然の行う不作為の芸術化作用などを無言で説いているように思われる。かりに両腕が出てきても、あの像にそれをつけてはいけないのである。

（外山滋比古「新・学問のすすめ」一部改変）

＊トルソー＝胴体だけの彫像。
＊楽天的＝物事を深く考えず、良いほうにとらえる考え方。
＊燦然＝きらきらと美しく輝くようす。
＊いぶしをかけて＝物事を味わい深いものにして。
＊渾然＝別々のものがひとつにとけあうこと。

(1) ——線部①「偶然がこしらえた芸術」とありますが、どのような芸術ですか。その説明として最も適切なものを次から選び、記号で答えなさい。（20点）

ア 原型がわからなくなったから、空想で原型を考えて作りあげることによっていっそう価値が高まった芸術。
イ 作者の意図で今の形になったものではなく、自然の力が加わることによって作り上げられた芸術。
ウ 作者の思いがけないひらめきで作りあげられたものであり、決して模倣することのできない芸術。
エ 像が発見された場所の近くでたまたま見つかった腕によって、原型に近い形に復帰することのできた芸術。

(2) ——線部②「源泉主義思想」とあるが、これはどのような考え方か。文中から十八字以上二十字以内で抜き出しなさい。ただし、句読点等も字数に含む。（20点）

重要 記述式
(3) ——線部③「時間や空間が行う破壊作用の中にこそ美を生ずる力がある」とあるが、どういうことか。六十字以内で説明しなさい。（60点）

〔龍谷大付属平安高—改〕

12 情報を読み解く

【　月　日】

Step 1 基本問題

解答▼別冊13ページ

1 次の文章を読んで、あとの問いに答えなさい。（Ⅰ・Ⅱは、段落の番号）

Ⅰ 人類の将来を考えるには、生命の誕生を元旦、現在を除夜の鐘が鳴っている時と設定して投影すると、直感に訴える把握ができます（図1）。地球上の酸素出現が7月2日、真核生物が誕生したのが7月22日。多細胞生物が誕生したのが11月4日。哺乳類誕生は12月2日。原人誕生は12月31日21時40分。文明発生を2万年前として大晦日の23時58分。産業革命は23時59分59秒ということです。この図を見ると、私たちはごく最近地球上におじゃまさせていただいたのだということが、一目瞭然です。

Ⅱ 図2は人間の関心を時間軸と空間軸にプロット*したものです。これも自分で苦心して描いたのですが、私たちは今日何食べよう、とか友達が悪口言った、とかについて考える。せいぜい自分の子どもたちとか、おじいさんの世代の話をするけれど、なかなか、時間軸の右側、100年先とか1000年先とかを見ません。時間軸の左側、過去のほうも、生命の誕生、地球の誕生、宇宙の誕生についてはあまり考えない。空間軸も上は自分から距離が遠くなっていくようになっています。原点の自分から家族、職場、国家、世界、地球へ。空間軸の下側は、ちょっと難しいのですが、こちらは原点から離れると、どんどん小さな微小の世界に入っていくようになっています。われわれの体、生物の器官とか細胞、分子、原子、素粒子の世界です。私たちは時間・空間軸で原点から離れたことはあまり考えず、原点の近くのことしかあまり関心がありません。「もっといろいろなことを考えていいのではないのかなぁ」と思います。

（黒田玲子「科学技術と社会――なぜ対話が必要なのか」）

＊プロット＝位置を図表上に記すこと。

重要点をつかもう

■ 情報

情報とは、物事についての外からの知らせである。情報には、文字情報、音声情報、映像情報などがあり、人はそれぞれの価値基準にしたがって、取捨選択し、知識を形成し、行動の方向を定めることができる。

■ **情報処理能力**…情報を理解する能力。

①情報を収集する力
②情報を読み解く力
③情報を選択する力
④情報をまとめる力

読解では与えられた図表・グラフ・文章などの資料を正しく読み取り、分析する。

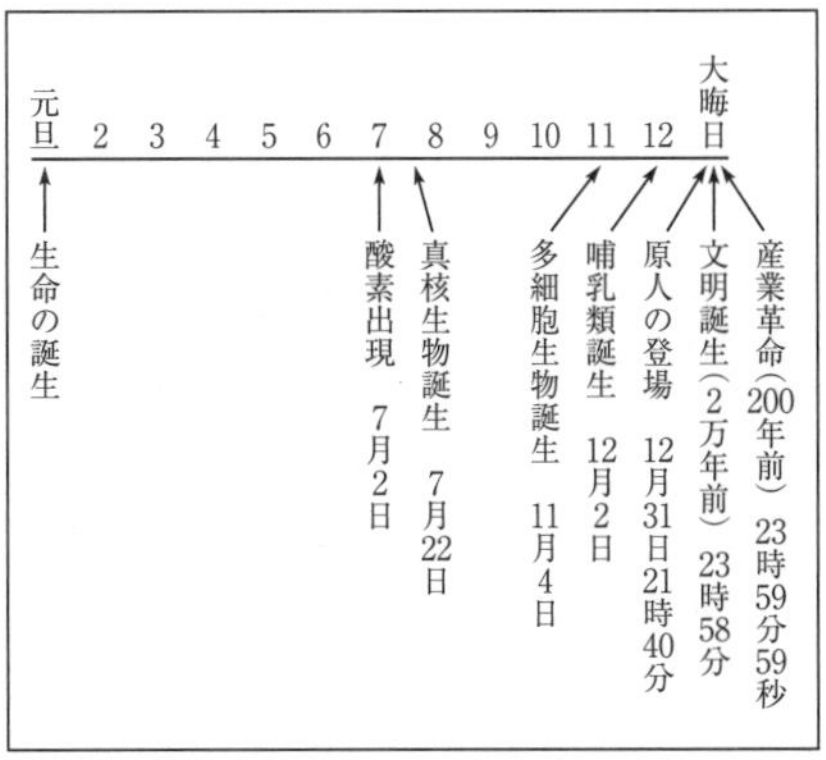

図1　生物進化カレンダー

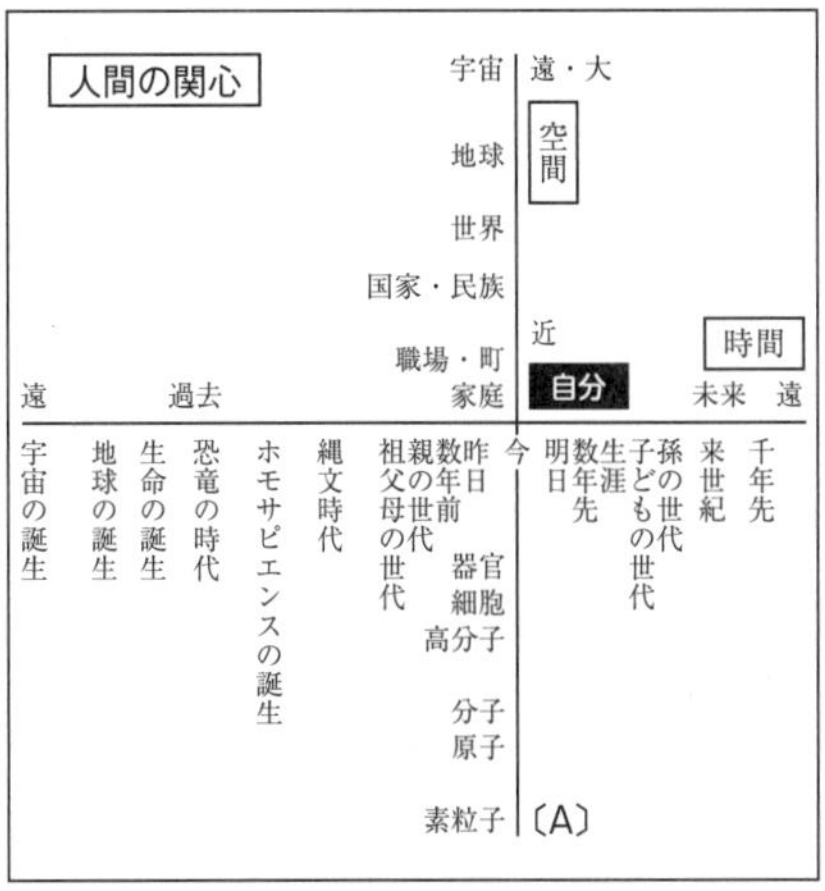

図2　我々は時間的にも空間的にも，身近なことばかりを考えがち

記述

(1)　《要旨の把握》 Ⅰ の文中で筆者は、図1のように生物の進化を一年間のカレンダーで表すことによって、どのようなことがよくわかると述べているか。「人類」、「誕生」という言葉を用いて、簡潔に答えなさい。

(2)　《語句の補充》　図2の〔A〕に入る漢字二字の熟語を Ⅱ の文中から抜き出しなさい。

記述　重要

(3)　《情報の理解》　筆者は、「人類の将来を考える」うえでどのようなことが大切だと思っているのか。その内容を考え、図2中の時間軸または空間軸に示されている「人間の関心」から一つ以上を選び、その言葉を用いて五十字程度で答えなさい。

〔大阪〕

〈解答欄〉

(1)

(2)

(3)

問題のヒント

(1)　時間を視覚化することの効果を読み解く。

(2)　文字情報と文字情報を視覚化した図表とがどのように対応しているのかを読み取る。

(3)　文字情報だけでなく、図表によってより明確になる筆者の考えをまとめる。

解答▼別冊13ページ

時間 40分 合格点 80点 得点 点 【 月 日】

1 次にあげた資料は、二つとも「『国語に関する世論調査』の結果と概況」（文化庁、平成二十六年度発表）の一部です。この資料をもとに、高校一年生の五人の生徒が国語の先生を交えて話し合いをしています。**資料と話し合いの記録を見て、あとの問いに答えなさい。**

Aさん　「やばい」の言い方に年齢で差があるっていうグラフみたいだけど、意味が分からないですね。

先生　そうか、君たちは91・5パーセントの中に入るわけですね。でも十年前と比べて［a］パーセント近く増えているのを見ても意味が分からないでしょうか。

B君　僕もわからないけれど、説明に「『とてもすばらしい』という意味で『やばい』という言い方をする」と書いてあるから、もしかして他に意味があるのかもしれないと思いました。

C君　ちょっと辞書を引いてみよう。「やばい　危険や不都合が予測されるさまである。危ない」って書いてあります。

先生　そうでしょう。私はそういう意味と知っていたし、そこにも「俗語」と書いてあるようにあまりいい意味で使うことはないと思っていましたが、みなさんがいつの間にか別の意味で使うようになったなぁと思っていました。

Dさん　へえ、そんなことってあるんですね。

E君　「うざい」という言葉にも二つの意味がありましたか。

先生　それはないですね。

「国語に関する世論調査」の結果と概況

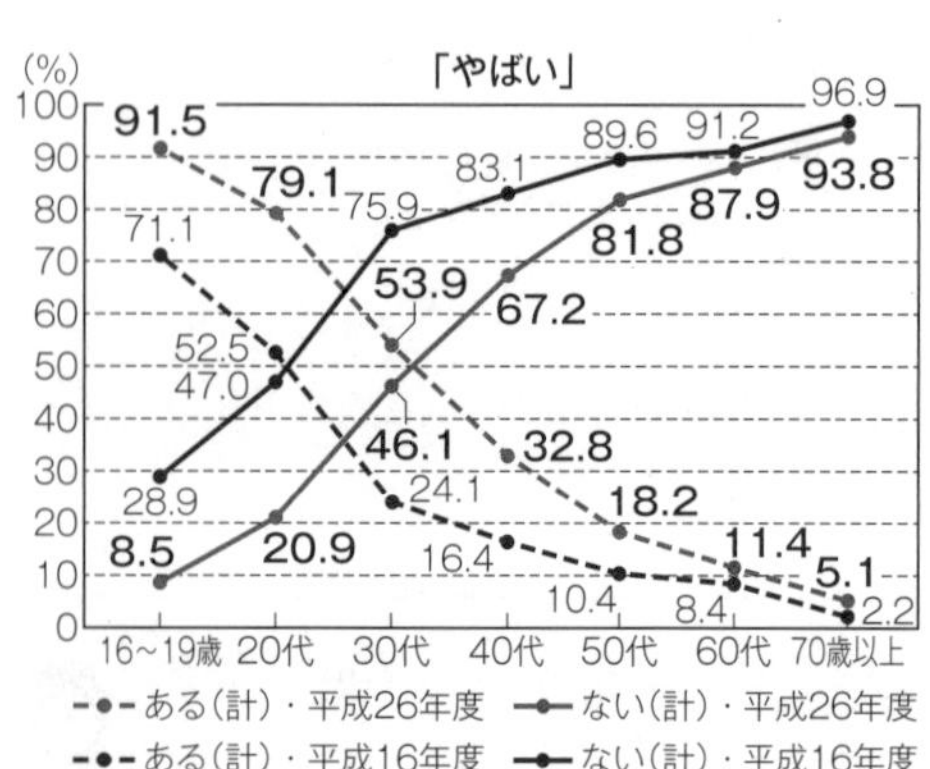

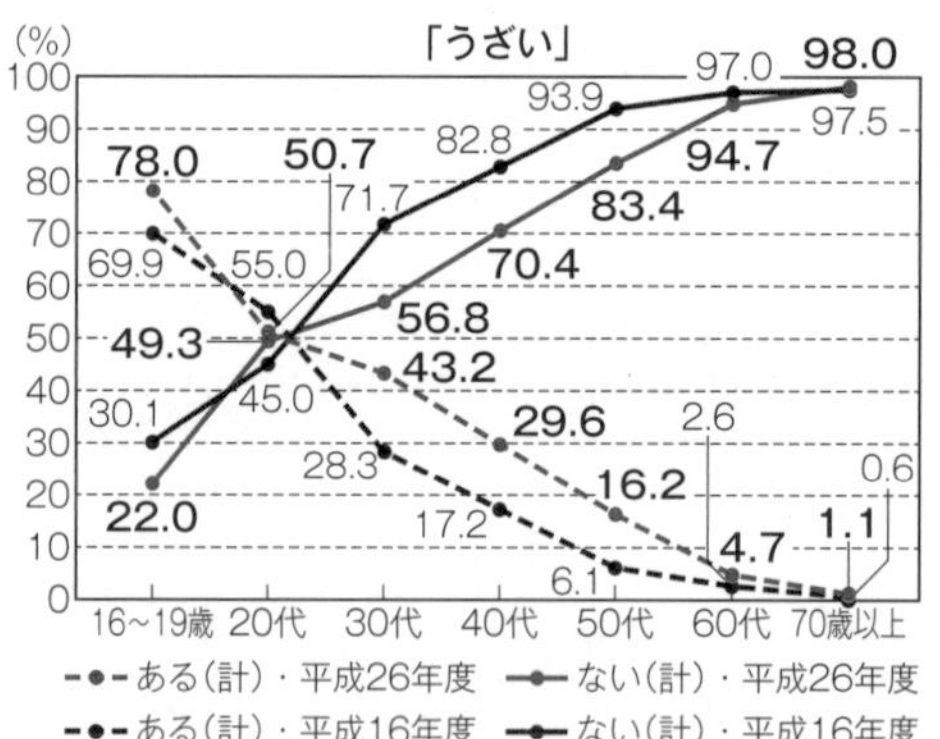

「やばい」

年齢別に見ると、「とてもすばらしい」という意味で「やばい」という言い方をすることが「ある」と回答した割合は、年代が低いほど高くなる傾向があり、16～19歳で91.5%と最も高く、次いで、20代（79.1%）となっている。

「うざい」

年齢別に見ると、「うざい」という言い方をすることが「ある」と回答した割合は、年代が低いほど高くなる傾向があり、16～19歳で78.0%と最も高くなっているが、20代では5割程度、30代以上では5割未満となっている。

E君　でもそれにしても、もう一つ不思議なところがあります。

先生　どんなことですか。

C君　二十代で両方とも「ある」と「ない」が逆転するでしょ。

Dさん　本当ですね。不思議です。

B君　ちょっと待ってください。「うざい」の方は十年前の十六年度も、今回の二十六年度も二十代のところで逆転しますが、「やばい」の方は、十年前は［b］で逆転するのが、二十六年度では三十代になってからですよ。

Dさん　あ、そうですね。では「やばい」の方は大人になっても「とてもすばらしい」と言う意味で使っている人が増えていますが、それでもやはり三十代くらいからあまり使わなくなると言うことになりますね。ずれはあるけれども逆転が起こるというのには何か意味があるのではないでしょうか。

先生　さっき少し言いましたが、「俗語」という点に注目してみてはどうですか。

C君　はい、また辞書を引いてみましょう。「俗語　①詩歌、文章などに用いる文字言葉（雅語）に対して、日常の話し言葉。②改まった場面では用いられない、くだけた言葉」とあります。

Dさん　この場合は、［c］のほうの意味に関係がありますね。

E君　つまり「プライベートではなくて、仕事の場所とか人前で」ということでしょう。

Aさん　そうすると、大人になって人前で使うのはあまりよくないということですね。

先生　はい。そう思います。

Dさん　「やばい」というひとつの言葉で、「とてもすばらしい」と「危ない」と意味が逆になるなんてことがあるんですね。こんなこと他にもあるのかな。ちょっと調べてみようと思います。

(1)　《情報の理解》文中の［a］～［c］に入る言葉をそれぞれ次から選び、記号で答えなさい。（完答20点）

ア　四十代　イ　三十代　ウ　二十代　エ　①　オ　②
カ　30　キ　10　ク　20

a	b	c

重要

(2)　《情報の理解》グラフ及び五人と先生の話し合いを元に分析した次の文について、内容が正しければ○、誤っていれば×でそれぞれ答えなさい。（16点×5―80点）

ア　「やばい」という言い方は俗語で下品だと学校で教えられていたので、年齢が高くなるほど使わない傾向があり、60代以上の人は90％以上の人が使わない。

イ　「うざい」という言葉も「やばい」という言葉と同様に、60代以上の人にはほとんど知られていない若者言葉だと言える。

ウ　「うざい」という言い方をしない人が7割に達する年代は、30代から40代へと十年で変化しており、俗語を使う年齢の上昇が認められる。

エ　二つの資料から、50代以上の人は、その8割以上が若者の言葉遣いの乱れに嫌悪感と危機感を抱いていることが読み取れる。

オ　調査対象者が歳をとるため、「やばい」のグラフの「ある」と「ない」の逆転ポイントが十年で20代から30代へとずれると考えられる。

ア	イ	ウ	エ	オ

〔多摩大目黒高〕

【　月　日】

13 手紙・案内・発表・討論

Step 1 基本問題

解答▼別冊14ページ

1 次の資料を読んで、あとの問いに答えなさい。

〔職業体験でお世話になった方々に発表会の案内状を出すことにした。次はその下書きである。〕

> 令和2年10月9日
>
> つばめ保育園長　殿
>
> 青森市立青空中学校3年生一同
>
> 職業体験発表会へのご案内
>
> 拝啓　［ A ］、いかがお過ごしでしょうか。
>
> さて、先月の職業体験では二日間大変お世話になりました。仕事についての説明を聞いたり実際に体験したりして、働くことの意義を考えることができました。
>
> つきましては、職業体験発表会を下記のとおり開催し、私たちが学んだことを発表したいと思います。お忙しい時期とは存じますが、ぜひ<u>ご出席してください</u>。よろしくお願いいたします。
>
> ［ B ］
>
> 記
>
> 1　日時　令和2年11月10日(火)午前10時～12時
>
> 2　場所　青空中学校　体育館
>
> 3　お願い
>
> 当日は、駐車場が狭いので、できるだけ公共の交通機関を利用して、午前9時50分までにおいでいただき、同封した職業体験のアンケートへのご協力も、お願いいたします。

重要点をつかもう

■ 手紙・案内

①内容が正しく伝わるように書く

必要な項目や内容を漏れなく書く。

②目的に応じた方法を選ぶ

- 何かを依頼する手紙、簡単に近況を知らせる葉書、出欠席確認のための往復葉書、イベント案内のパンフレット等、目的を考えて方法を選ぶ。
- 手紙のように形式のあるものは、それを踏まえて書く。

前文…始めの挨拶〈書き出しの言葉（頭語）・時候の挨拶・安否の挨拶〉

主文…伝えたい用件

末文…締めの挨拶〈結びの挨拶・結びの言葉（結語）〉

後付け…日付・署名・宛名

添え書き…「追伸」として主文につけ足したいことを書く

(1)《手紙の形式》[A]に入る言葉を次から選び、記号で答えなさい。

ア 涼風恋しいこのごろ
イ 風薫る爽やかな季節になりましたが
ウ 落ち葉舞うこのごろ
エ 街路樹も少し色づきましたが

(2)《敬語》――線部「ご出席してください」とあるが、「出席」の語をそのまま用いて、正しい敬語に直しなさい。

(3)《手紙の形式》[B]に入る、手紙の結びの言葉を次から選び、記号で答えなさい。

ア 敬具　イ 草々　ウ 敬白　エ かしこ

記述式
(4)《文の表現》「3　お願い」の文はわかりづらいと、先生から指摘を受けた。内容を変えずに、三つの文に分けて書き直しなさい。〔青森―改〕

〈解答欄〉

(1)［　　］

(2)

(3)［　　］

(4)

---

③相手を意識する

- 相手の立場や気持ちに配慮するとともに、伝えたい内容を明確にし、言葉を選び、気持ちを込めて書く。
- 相手との関係を考えて、適切な敬語を使用する。

④正しい表記で書く

- 辞典を活用したり、読み返したりして、誤字・脱字の無いようにする。パソコンでは、誤変換に注意する。

■ **発表・討論**

相手があるという点では、留意点は手紙等と重なる部分も多い。

①**説明や主張の中心を明らかにする。**

②司会、発表者、聞き手、パネリスト等、**自分の立場や役割を理解**して、よりよい成果が得られるようにする。声や表情、態度も大切である。

※会議などの話し合いでは合意形成する（集団として合意できる結論を出す）ために、協力し合うことが大切である。

③**適切な資料を用意する。**

解答▶別冊14ページ

時間 40分　合格点 80点　得点 点

【　月　日】

1 次に示すのは、ある中学生が職業体験のお礼として書いた手紙の下書きである。**これを読んで、あとの問いに答えなさい。**

> ［A］
> 　厳しい寒さが続きますが、いかがお過ごしでしょうか。
> 　さて、先日はお忙しいところ職場体験をさせていただき、ありがとうございました。
> 　園長先生や職員のみなさまのお話を聞き（①）、介護が責任の重いお仕事であることを学ぶことができました。実習では、緊張して手伝いができないでいる私に、「［B］」と背中を押してくださった園長先生のお言葉が今でも心に残っています。菜の花園に訪問し（②）、得られたこの体験をこれからの学習に生かしていきたいと思います。
> 　最後になりましたが、みなさまのご健康をお祈り申し上げます。
> 敬具
> 令和二年二月一日
> ○○市立○○中学校
> 三年二組　山田　太郎
> 菜の花園　園長　千葉　花子　様

(1) 《手紙の形式》［A］に入る、手紙の書き出しの言葉を次から選び、記号で答えなさい。(12点)

ア 前略　**イ** 敬白　**ウ** 拝啓　**エ** 草々

(2) 《敬語》——線部①・②は共通する一単語の敬語に直すことができる。その共通する一単語を、どちらの文にもあてはまるように活用させてひらがな四字で答えなさい。(14点)

(3) 《語句の知識》［B］に入る言葉を次から選び、記号で答えなさい。(12点)

ア 石橋をたたいて渡る　**イ** 能ある鷹は爪を隠す

ウ 立つ鳥跡を濁さず　**エ** 案ずるより産むが易し

〔千葉—改〕

2 ある学級で、職業を選ぶときに大切にしたいことについてパネルディスカッションを開いた。以下は、「収入」「ゆとり」「社会の役に立つ」の三つの立場のパネリストによる発表のあとにおこなわれた討論の書き起こしと、フロアから参加した宮下さんによる振り返りである。**次の文章を読んで、あとの問いに答えなさい。**

【討論】

司会　三つの立場から発表がありましたが、それぞれのパネリストはお互いに質問や意見を出してください。中村さん、どうぞ。

中村　青木さんに質問です。収入も大切です。しかし、自由に使える時間も大切だと思いますが、どうでしょうか。

青木　ゆとりより収入の方が大切だと思います。（①）

司会　［A］

青木　自由に使える時間があっても、収入が十分でないと自分や家族が楽しめないことになるからです。

司会　ほかの点からいかがでしょうか。

柳沢　中村さんに質問です。自分の生活を充実させても仕事に対して喜びや充実感は得られないと思います。何のために働くのですか。

中村　生活に必要なお金を得るためです。でも、無理はせずに働きたいです。私は、趣味などに生きがいを感じるからです。

柳沢　なるほど、そういう考え方もありますね。でも、私は社会の役に立つ仕事をすることで生きがいを得られると思います。職場体験では「自分が作ったものを喜んで使ってくれるとうれしい」とおっしゃっている方がいました。

司会　中村さんと柳沢さんの話題が［B］という話で進んでいます。これにかかわって意見、質問はありますか。……（略）ここでフロアからも意見を聞いてみたいと思います。

宮下　②柳沢さんが、社会の役に立つ仕事をすることで生きがいを得られると言っていましたが、お金に困ったら社会のために考えることもできないのではないかと思います。この点についてどうでしょうか。

柳沢　もちろん、お金は必要ですが、働いてお金を得ることだけが職業を選ぶときの基準ではないと思います。社会とのかかわりなしに私たちは生きてはいけないのではないでしょうか。

【宮下さんの振り返り】
私は、職業を選択するときは収入が第一だと思っていました。しかし、収入はもちろん大切ですが、社会の役に立つことや時間にゆとりがある生活も大切だという考え方があることを知りました。柳沢さんや中村さんの意見を聞いて、職業を選ぶときは［B］という新しい視点からも考えてみようと思いました。

記述式
(1)《語句の補充》――線部①の発言を受けて司会者はどのように発言するとよいか。［A］に入る言葉を十五字以内で答えなさい。(20点)

(2)《語句の補充》二箇所ある［B］に共通して入る言葉を、【討論】の文中から抜き出しなさい。(14点)

(3)《内容の理解》――線部②の発言について説明したものとして最も適切なものを次から選び、記号で答えなさい。(14点)

ア　相手の考えを踏まえ、より詳しく聞きたいことを質問している。
イ　相手の考えに共感する主張を述べ、内容について助言している。
ウ　相手の考えを自分の言葉で言い換え、考えを補足している。
エ　相手の論理的な構成や展開など表現の仕方を評価し、説明している。

重要
(4)《表現の特徴》パネルディスカッションの特徴として最も適切なものを次から選び、記号で答えなさい。(14点)

ア　賛成・反対の立場を明確にし、一定の結論に達している。
イ　さまざまな考え方を聞き、自分の考えを広げ深めている。
ウ　話す相手や目的を意識して、資料を活用したり話し方を工夫したりしている。
エ　話し合いの展開に応じて、自分と相手の考えを結び付け、集団としての考えをまとめている。

〔長野―改〕

Step 3 実力問題

解答▼別冊15ページ

時間 40分
合格点 80点
得点 　点
【　月　日】

1 次に挙げているのは、文化庁の平成十九年度「国語に関する世論調査」の中の、「言葉の意味」についての調査結果である。**これと〈注意〉を読んで、あとの問いに答えなさい。**

グラフⅠ「煮詰(につ)まる」

「煮詰まる」 (%)

	16〜19歳	20代	30代	40代	50代	60歳以上
(ア)結論の出る状態になること	16.3	26.6	25.5	50.3	77.3	73.1
(イ)結論が出せない状態になること	76.3	69.3	73.0	46.7	20.4	16.2
分からない	3.8	2.3	0.7	1.0	1.1	9.6

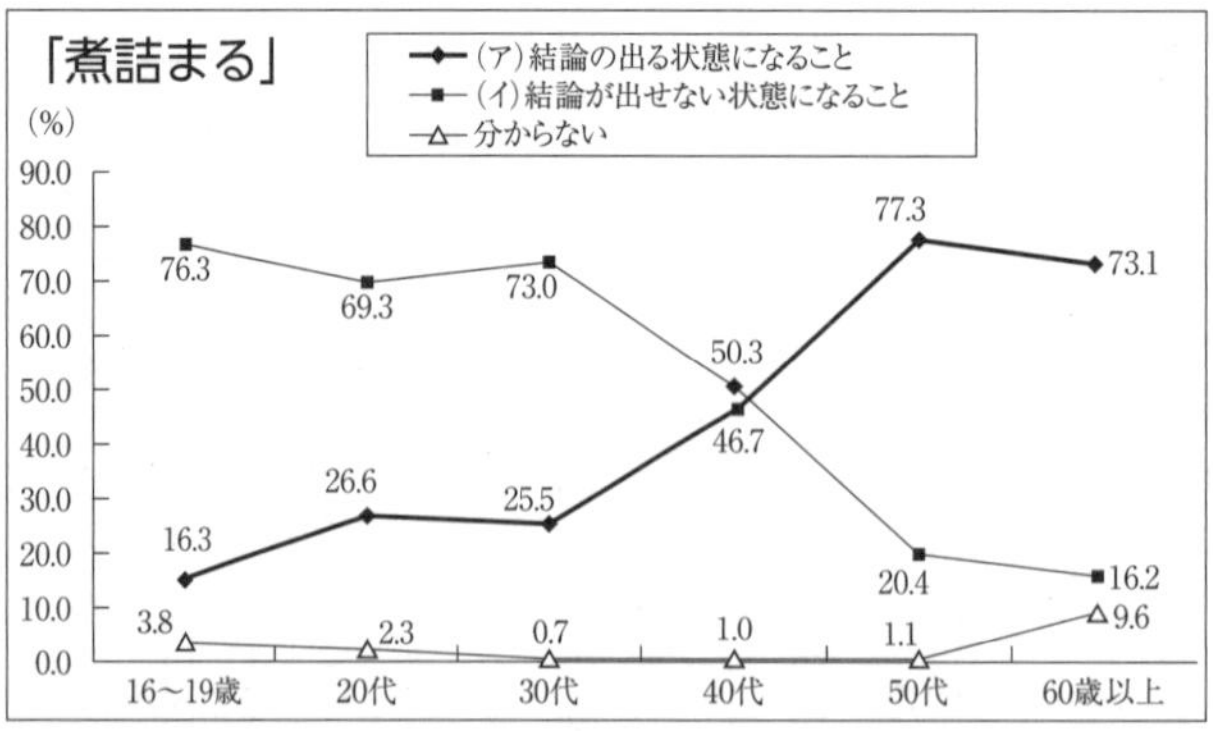

グラフⅡ「檄(げき)を飛ばす」

「檄を飛ばす」 (%)

	16〜19歳	20代	30代	40代	50代	60歳以上
(ア)自分の主張や考えを，広く人々に知らせて同意を求めること	16.3	11.9	14.6	14.7	24.4	22.5
(イ)元気のない者に刺激を与えて活気付けること	72.5	78.3	81.0	80.7	70.8	66.8
分からない	7.5	4.0	2.2	2.3	2.3	8.3

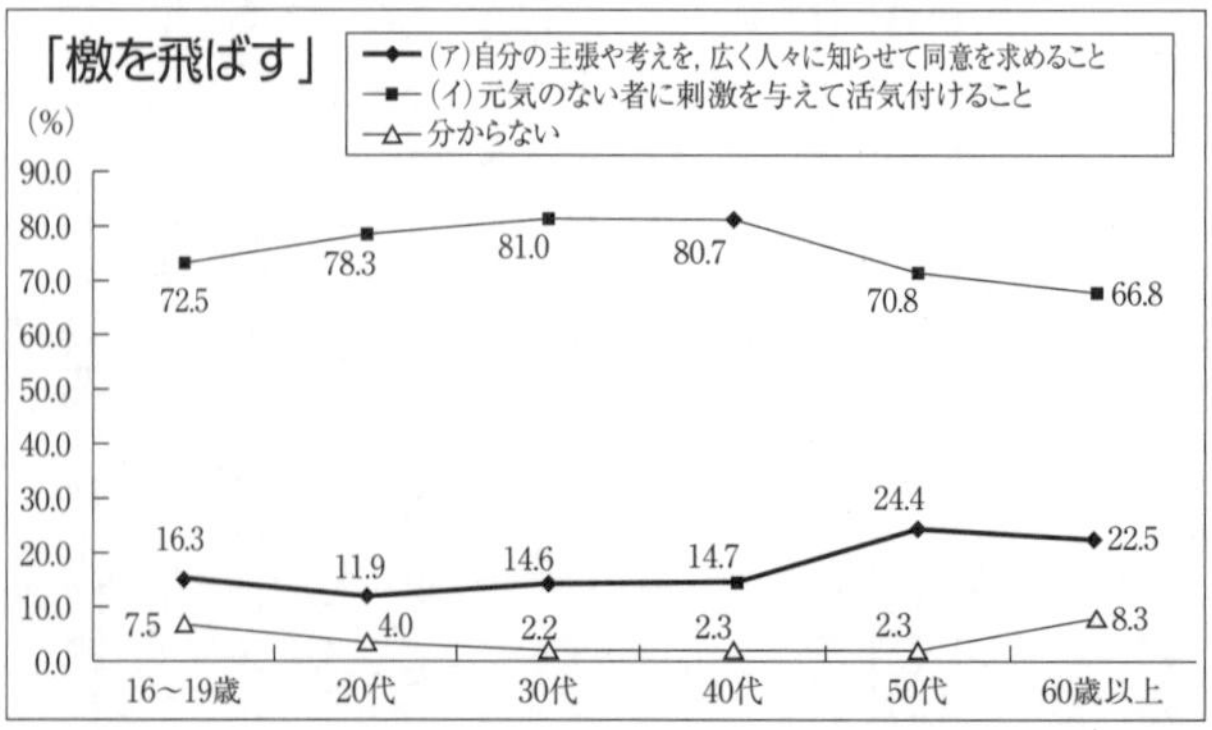

〈注意〉

1　グラフⅠ・Ⅱともに言葉の意味をどのようにとらえているかという質問に対する調査結果を、年齢(ねんれい)別に示したものである。

2　「煮詰まる」の本来の意味は、「(ア)（議論や意見が十分に出尽(でつ)くして）結論の出る状態になること」である。

3　「檄を飛ばす」の本来の意味は、「(ア) 自分の主張や考えを、広く人々に知らせて同意を求めること」である。

記述 重要
(1)　グラフⅠ・Ⅱの相違(そうい)点について述べた次の文章の□に入る内容を、四十字以上六十字以内で答えなさい。(30点)

　グラフⅠでは、□。それに対し、グラフⅡでは、すべての世代で本来と異なる意味で使っている人が多い。

(2)　グラフⅠ・Ⅱについての考察とその確かめ方として最も適切なものを次から選び、記号で答えなさい。(10点)

ア「煮詰まる」については、グラフⅠからやがてグラフⅡのような形になるのではないか。それを確かめるために、それぞれの言葉について過去の調査結果と比較してみる。

イ「檄を飛ばす」については、グラフⅡからやがてグラフⅠのような形になるのではないか。それを確かめるために、「分からない」と答えた人に対して再調査してみる。

ウ「檄を飛ばす」については、グラフⅡからやがてグラフⅠのような形になるのではないか。それを確かめるために、それぞれの言葉について地域別に再調査してみる。

エ「煮詰まる」については、グラフⅠからやがてグラフⅡのような形になるのではないか。それを確かめるために、年齢別ではなく男女別の調査を実施して比較してみる。

〔長崎〕

2 次の文章は、他県からの転校生に静岡県の自然や文化を紹介するための原稿の一部である。**これを読んで、あとの問いに答えなさい。**

私たちの班は、静岡県の自然として、富士山を紹介します。①ご存じかもしれませんが、富士山は、静岡県と山梨県にまたがる活火山で、標高三七七六メートルにも及ぶわが国の最高峰です。約一万年ほど前の噴火でおおよそ現在の形になったと言われています。周囲に連なる山のない、独立した山であることから、人々にその形を強く印象づけます。

夏の登山のシーズンには、多くの人が富士山に登ります。混雑時は、頂上付近に、②長い列ができるそうです。なぜそんなに多くの人が、富士山に登ると思いますか。③人々が、山頂からの眺めで、自然の雄大さを実感するからだと、私たちは思います。（後略）

(1) ――線部①は、聞き手を意識して、聞き手に配慮している表現である。文中には、同様に聞き手を意識して、聞き手に問いかけている一文がある。その一文の、はじめの五字を抜き出しなさい。（20点）

(2) ――線部②を印象的にするために、「□の列」という慣用句を使った表現にしたい。□に補う言葉として最も適切なものを次から選び、記号で答えなさい。（10点）

ア 長城　イ 長者　ウ 長蛇　エ 長編

記述式 (3) ――線部③を、山頂からの眺めの素晴らしさを強調する表現になるように、「山頂からの眺めが」を主語とした使役の表現に書き直しなさい。（30点）

〔静岡〕

第5章　詩・短歌・俳句

詩を味わう

【　月　日】

Step 1 基本問題

解答▼別冊15ページ

1 次の詩を読んで、あとの問いに答えなさい。

蝶　はばたく朝　成本和子

五月のひかりが
さざなみのようにゆれる朝
からたちの葉かげの
ちいさな儀式

ほろにがい葉に生かされ
たえてしのんだ沈黙の日日
わかばをかすめる風にはじらいながら
今　アゲハ蝶は羽化する

自然のなかでかわされた
やくそくのときは満ち
さなぎの背はさだめられたようにわれる
満身に力をこめて触角をのばし
ふかくたたみこまれた羽をひきだせば
生まれることのいたみが
せなかにひとすじはしる
何の力で生まれでたか
宇宙のなぞも
この　いっぴきの蝶のなかへ
あつめられ　そして約され　また約され
ふきこめられているのだ

ぬぎすてられた　さなぎのからに
うごきだしたばかりの
黒糸のようにほそい足でとまれば
朝つゆにぬれた羽が
はばたくことのよろこびで　かすかにひかる

ゆっくり　ゆっくり　呼吸をととのえ
かろやかになびく新しい羽に
生まれでた重みのひとしずくをのせ
かがやく朝のひかりにまねかれて
アゲハ蝶は　はばたいていく

重要点をつかもう

■ 詩の表現技法

①比喩

直喩（明喩）

「ようだ」「みたいだ」などの言葉を使ってたとえる方法。
例 ひまわりのようだ。

隠喩（暗喩）

「ようだ」「みたいだ」のような言葉を使わずにたとえる方法。
例 君は私の太陽だ。

擬人法

人でないものを人にたとえる方法。
例 山が笑う。

②その他の修辞法

反復法

同じ言葉や内容を繰り返して印象を強める。

(1)《表現技法》 表現上の技法として体言止めが用いられているのは、第何連と第何連か。

(2)《表現の理解》 第三連で描かれているアゲハ蝶が決められた過程を経て羽化していく様子を比喩を用いて表している一行を、第三連以外の連から抜き出しなさい。

(3)《表現の特徴》 この詩の説明として最も適切なものを次から選び、記号で答えなさい。

ア アゲハ蝶が羽化し飛び立つまでの様子が、敬体を用いて親しみやすく描写されており、また、アゲハ蝶を擬人化することで、作者の、未知の世界に旅立つ者への祝福や、永遠の別れを惜しむ気持ちが効果的に表現されている。

イ アゲハ蝶が羽化し飛び立つまでの様子が、常体を用いて断定的に描写されており、また、受け身を表す語を用いることで、作者の、人間として生まれてきたことへの感謝や、運命に従う素直な気持ちが効果的に表現されている。

ウ アゲハ蝶が羽化し飛び立つまでの様子が、文語体を用いて格調高く描写されており、また、受け身を表す語を用いることで、作者の、自然の力へのおそれや、定められた運命に対する不安な気持ちが効果的に表現されている。

エ アゲハ蝶が羽化し飛び立つまでの様子が、口語体を用いてわかりやすく描写されており、また、アゲハ蝶を擬人化することで、作者の、生命の神秘に対する感動や、小さないのちをいつくしむ気持ちが効果的に表現されている。

〔北海道〕

〈解答欄〉

(1) 第[ ]連と第[ ]連

(2) [ ]

(3) 「 」

倒置法

語順を逆にして印象を強める。

体言止め

文や行を名詞（体言）で終わらせ、余韻を表す。

問題のヒント

(1) 体言止めは行の終わりが「名詞」であるもの。連は詩の意味上のまとまりのこと。

(2) 「決められた過程」を意味する比喩を見つける。

(3) **敬体**…「です」「ます」調の文体。
常体…「だ」「である」調の文体。
文語体…江戸時代までの文法に基づいた言葉で書かれた文体。
口語体…現代において、日常的に使われている言葉（口語）で書かれた文体。

解答▼別冊16ページ

時間 40分　合格点 80点　得点 　点

【　月　日】

1 次の詩を読んで、あとの問いに答えなさい。

雁(がん)　　千家元麿(せんけもとまろ)

1 暖(あたた)い静かな夕方の空を
2 百羽ばかりの雁が
3 一列になって飛んで行く
4 天も地も動かない静かな景色の中を、不思議に黙(だま)って
5 同じように一つ一つセッセと羽を動かして
6 黒い列をつくって
7 静かに音も立てずに横切ってゆく
8 側(そば)へ行ったら翅(はね)の音が騒(さわ)がしいのだろう
9 息切れがして疲(つか)れて居るのもあるだろう
10 だが地上にはそれは聞(きこ)えない
11 彼等(かれら)はみんなが黙って、心でいたわり合い助け合って飛んで行く
12 前のものが後になり、後ろの者が前になり
13 心が心を助けて、セッセセッセと
14 勇ましく飛んで行く。
15 その中には親子もあろう、兄弟姉妹も友人もあるにちがいない
16 この空気も柔(やわら)いで静かな風のない夕方の空を選んで、
17 一団になって飛んで行く
18 暖い一団の心よ。
19 天も地も動かない静かさの中を汝(なんじ)ばかりが動いてゆく
20 黙ってすてきな早さで
21 見て居る内に通り過ぎてしまう。

(1) 《詩型》 この詩の形式として最も適切なものを次から選び、記号で答えなさい。(10点)

ア 口語定型詩　　イ 口語自由詩
ウ 文語定型詩　　エ 文語自由詩

[　　]

(2) 《表現の理解》 この詩の1行目から7行目までは、見たままに情景を描(えが)いている。このように見たままの情景を、再び三行にまとめて描いている部分はどの行からどの行までか。(10点)

[　　]行目から[　　]行目まで

重要 (3) 《心情の理解》 この詩の中で、作者の感動の高まりが最もよく表れている一行はどれか。その行の番号を答えなさい。(10点)

[　　]

〔高知〕

ワンポイント
情景描写(びょうしゃ)の中に作者の思いが込(こ)められており、しだいに高まっていくことを読み取る。

2 次の詩を読んで、あとの問いに答えなさい。

鉄棒

村野四郎

僕は地平線に飛びつく
僅かに指さきが引っかかった
僕は世界にぶら下がった
筋肉だけが僕の頼みだ
僕は赤くなる　僕は収縮する
足が上がってゆく
おお　僕は何処へ行く
大きく世界が一回転して
僕が上になる
高くからの俯瞰*
ああ　両肩に柔軟な雲

＊俯瞰＝高いところから見下ろすこと。

(1) 《表現技法》 1行目で用いられている修辞法は何か。(8点)

[　　　]

重要
(2) 《心情の理解》 2行目・5行目・9行目の「僕」の心情として最も適切なものをそれぞれ次から選び、記号で答えなさい。(6点×3—18点)

ア 不安　イ 孤独　ウ 臆病　エ 緊張
オ 自慢　カ 興奮　キ 陶酔　ク 羞恥

2行目 [　]　5行目 [　]　9行目 [　]

難問 記述式
(3) 《心情の理解》 7行目の「僕」の気持ちを、四十字以内で説明しなさい。ただし、句読点等も字数に含める。(20点)

[　　　]

(4) 《心情の理解》 10行目の「僕」の気持ちとして最も適切なものを次から選び、記号で答えなさい。(12点)

ア 世界の果ての景色が見えたという充足感
イ 高度な技をやっと成功させたという安心感
ウ 思いがけず高い所に上がっているという恐怖感
エ 世界の広さに比べ、自分は小さいという敗北感
オ 世界を自分の手につかんだという満足感

[　]

(5) 《表現の理解》 11行目は、この詩にどのような効果をもたらしているか。最も適切なものを次から選び、記号で答えなさい。(12点)

ア 鋭敏な表現で、臨場感を鮮明にする。
イ 自然な表現で、時の経過を説明する。
ウ 穏やかな表現で、安らぎを与える。
エ 写実的な表現で、連想を豊かにする。
オ 繊細な表現で、躍動感を強調する。

[　]

〔高知学芸高〕

15

第5章 詩・短歌・俳句

短歌・俳句・川柳を味わう

【　月　日】

Step 1 基本問題

解答▼別冊17ページ

1 次の文章を読んで、あとの問いに答えなさい。

俳句を作る上でも同じようなことが言えます。俳句は「直感の文学」と言われますが、だからこそ、さまざまな体験の積み重ねから生まれるのです。

たとえば桜を見ます。桜を通して、自分がしてきた体験がどれほどあるか。これが俳句を詠む上では、とても大事なことになってきます。桜にまつわる思いがどれほど深くあるか、どれだけ自分の体験の中にそれがストック*されているか、これが鍵になるでしょう。ストックの中には古来桜がどのように詠まれてきたかという古典の知識も含まれます。日本人としての桜に寄せる共通の概念、たくさんの古歌。この夥しい蓄積の上に、①詩歌の世界の桜は咲いているのです。

さまざまの事おもひ出す②桜かな　芭蕉

一つの花をめぐる様々な体験があった上で、再びその花を見たとします。誰もがその再会の瞬間に、ふっと思うことがあるでしょう。

イマジネーション（＝想像）が記憶をおとなう*時、俳句のひらめきはやってきます。ひとつのモチーフ*を前にして俳句を作ろうとした時、これまでそのモチーフをめぐって積み重ねられた体験の一つ一つを、想像が訪ねていきます。そして想像とある過去が出会いを果たしこれまでにない響きを奏で合った時、ひとつの新しい世界が創造されるのです。これが俳句のひらめきです。

（黛まどか「俳句脳―発想、ひらめき、美意識」）

＊ストック＝たくわえ。
＊おとなう＝訪れる。
＊モチーフ＝題材。

重要点をつかもう

■ 短歌とは

① **五七五七七**の三十一音から成る。音数が三十一音を超えることを**字余り**、足りないことを**字足らず**という。

② **句切れ**（意味の切れる部分）に着目する。

③ **倒置法**・**体言止め**などの効果をとらえる。

④ **枕詞**（決まった組み合わせで特定の語を導き出す五音の言葉）をおさえる。

例 たらちねの→母・親

■ 俳句とは

① **五七五**の十七音から成る。

② **季語**（季節を表す言葉）をとらえ、季節感を味わう。

例 万緑→夏の季語

③ **切れ字**・倒置法・体言止めの効果をとらえる。

※切れ字…句中や句末にあって、言い切る働きをする語。

例 や・よ・ぞ・かな・けり・なり

(1)《表現の理解》——線部①で筆者が言おうとしていることとして最も適切なものを次から選び、記号で答えなさい。

ア　詩歌においては、日本の文学的伝統をふまえた形式にしたがって、桜が格調高く美しく表現されているということ。

イ　詩歌の中では、その詩歌の作者の記憶と想像が結びついて、桜が現実よりも幻想(げんそう)的な姿で見事に表現されているということ。

ウ　詩歌に詠まれる桜は、その詩歌の作者の体験に、昔から日本人が持つ桜のイメージを加え、美しく表現されているということ。

エ　詩歌の中で取り上げられる桜は、古来より多くの歌人の生活が目に浮(う)かぶように見事に表現されているということ。

(2)《現代語訳》——線部②の現代語訳として最も適切なものを次から選び、記号で答えなさい。

ア　桜だろうか　イ　桜だなあ　ウ　桜ではないだろう　エ　桜だろう

(3)《季語》——線部②の俳句と同じ季節の季語を含む俳句を次から選び、記号で答えなさい。

ア　旅人とわが名呼ばれん初時雨(しぐれ)

イ　卯(う)の花をかざしに関の晴れ着かな

ウ　名月や畳(たたみ)の上に松の影(かげ)

エ　雀(すずめ)の子そこのけそこのけお馬が通る

〔滋賀—改〕

〈解答欄〉

(1)〔　　〕　(2)〔　　〕　(3)〔　　〕

■ 川柳とは

① 五七五の十七音から成る。

② 季語・切れ字を用いない。

③ 人事・人情・世相を機知的・批評的に詠んでいるのをとらえる。

問題のヒント

(1) キーワードはストック、蓄積。「この夥しい蓄積」というのが、具体的に何を指しているのかをとらえる。

(2)「かな」は終助詞で、詠嘆(えいたん)・感動を表す。

(3) ——線部②がある俳句の季語は「桜」、季節は春。

ア～エの季語は

ア「初時雨」

イ「卯の花」

ウ「名月」

エ「雀の子」

さて、季節はいつか。俳句では、季語の読解は重要である。

解答▼別冊17ページ

時間 40分　合格点 80点　得点　　点　【　月　日】

1 次の文章を読んで、あとの問いに答えなさい。

逢ふと見て現のかひはなけれどもはかなき夢ぞ命なりける　顕輔

〈恋しい人に逢う[A]を見ても現実に逢える効果はないが、この頼りない[A]が、私の生きているという命そのものであったのだよ。〉

顕輔は俊頼より三十五歳くらい年下であるから、大長老に激賞されたことになる。この歌が『＊金葉和歌集』に入集した大治二年（一一二七）からみれば俊頼は七十二歳くらい、顕輔は三十七歳ということになる。俊頼はこの歌をいたく感銘したらしく、「これは椋の葉磨きして、鼻脂引きたる歌なり。世の常の人ならば、『現のかひはなけれどもはかなき夢ぞ嬉しかりける』とぞよままし。①たがかくはよまんぞ」と賞揚してやまなかった。（中略）

ふつうこの歌の下句は「はかなき夢ぞ嬉しかりける」となるのが穏当の仕上りだが、顕輔は「嬉し」の代りとして「命なりける」という結句を用意した。「誰がこんな言葉を思いつくだろうか」と俊頼が激賞したところをみると、「命なりける」の新しい使い方であったらしい。（中略）

俊頼のように、顕輔の狙いが「命なりける」の表現にあることを一目で見ぬいて、②そこを賞揚する人々ばかりではなかったらしい。なんと顕輔の子の清輔が著した『袋草紙』では、全くちがうところに俊頼が感心したことになっている。「逢ふと見て現の甲斐はなけれども」というところを、ふつうならば「逢ふと見て現に甲斐のなければども」と詠むところを、「現の甲斐」と言ったところが並々でなく、この「の」の字一字のちがいこそ「鼻脂引く所なり」というのである。結語として、「詩歌はただ一字なり」という戒めは肯けるのだが、感心したところの差は歴然としている。伝聞してゆくうちに、俊頼がほめたところがわからなくなってしまい、当て推量に「ここか」と「の」の字を押えたような可笑しさがある。

（馬場あき子「歌説話の世界」）

＊『金葉和歌集』＝白河法皇の命令で編集された平安時代の歌集。

(1) 《現代語訳》――線部①「たがかくはよまんぞ」の意味として最も適切なものを次から選び、記号で答えなさい。（10点）

ア 誰がこのような詠み方をしないのか
イ 誰の詠み方にならったのだろうか
ウ 誰でもこの詠み方はわかるだろう
エ 誰もこのような詠み方はしない

(2) 《内容の理解》〈 〉内の和歌の現代語訳に二箇所ある[A]の両方に入る漢字一字を答えなさい。（10点）

重要 (3) 《論旨の理解》――線部②「そこを……らしい」とあるが、賞揚するところの違いを説明した次の文の[B]、[C]に入る言葉を、文中からそれぞれ抜き出しなさい。（10点×2—20点）

並の詠み方ならば使うはずの言葉をあえて使わず、結句として B という表現を用いた斬新さをほめたことになっているものに対し、『袋草紙』では、C という助詞を用いた、言葉の選び方の巧みさをほめたことになっている。

B	C

〔都立立川高—改〕

重要

2 《表現の理解》次の俳句の説明として最も適切なものをそれぞれあとから選び、記号で答えなさい。(6点×4—24点)

(1) 日盛に蝶のふれ合う音すなり

(2) 朝顔や濁り初めたる市の空

(3) こおろぎが深き地中を覗き込む

(4) 金粉をこぼして火蛾やすさまじき

ア 色彩の鮮やかな違いを一句の中心に置いて、作者は詠んでいる。

イ 作者自身の暗く孤独な心を、小動物に託して述べている。

ウ 生き物の生命力の現れを、作者は驚きの眼で見ている。

エ 現実にはありえないことを感じ取るまで、作者の神経が鋭くなっている。

オ 清らかな自然と対照的な人間世界の営みがとらえられている。

(1)	(2)	(3)	(4)

〔関西学院高〕

ワンポイント

十七音で切り取った世界の情景に、作者の心情が投影されている。

3 次の短歌を読んで、あとの問いに答えなさい。

A やはらかに柳あをめる
北上の岸辺目に見ゆ
泣けとごとくに　石川啄木

B 白鳥はかなしからずや空の青海のあをにも染まずただよふ　若山牧水

C 水すまし流にむかひさかのぼる汝がいきほひよ微かなれども　斎藤茂吉

D 海恋し潮の遠鳴りかぞへては少女となりし父母の家　与謝野晶子

＊汝が＝おまえの。

(1) 《表現技法》A～Dの短歌には「初句切れ」のものが一首ある。その短歌を選び、記号で答えなさい。(12点)

(2) 《表現の理解》次の①～④は、どの短歌を説明しているか。適切なものをそれぞれ選び、記号で答えなさい。(6点×4—24点)

① 小さい生物の、ひたむきな生命力を賞賛する気持ちを歌っている。

② 色の対比を鮮明に出しながら、青春の悲しみと孤独を歌っている。

③ 聴覚でとらえられた、幼いころの故郷を回想している。

④ 遥か遠く異郷にあって、故郷の春を切なく思い出している。

①	②	③	④

〔沖縄—改〕

ワンポイント

各短歌の中心となる題材をおさえよう。

Step 3 実力問題

解答▼別冊18ページ

時間 60分　合格点 80点　得点 　点

【　月　日】

1 次の文章を読んで、あとの問いに答えなさい。

父は炭鉱夫でね。夕張の炭鉱で働いていて、体にすごい傷がある。ぼくみたいな軟弱なタイプじゃなくて、炭鉱の技師ですから、もちろん「どら*」なんです。彼は「どれ」なんて夢にも思わないわけです。もはやある時期からそういう父に憧れをね、感じるようになった。

彼にとって洋服なんて、もう防寒具ですよね。今なかなかいないでしょ、①洋服が防寒具の人。それで銀座とか連れてってご飯食べると、ドアマンと話し込んじゃう。「ありがとう！」とか言って。開けてくれてありがとうって。ドアマンは仕事で開閉しているなんて知らないからね。昔は恥ずかしかったけど、あるときから、②これは実はかっこいいんじゃないかって思い始めた。

お父さんを詠った短歌で、「『おお、これは立派なもんじゃ』コンビニの弁当殻を父は讃えつ」という伊藤亮さんの歌がある。（中略）

思春期の子どもだったら恥ずかしいよね。親がコンビニでそんなこと言ったら。でもぼくぐらいの歳になると、逆にこう「さすが戦前生まれ！」みたいな、そういう感慨が生まれる。もちろん息子に対する気遣いもあるんだろうけど。

ぼくらがコンビニに対して上から目線になるのは、追い詰められているからですね。駅で肉声が聞こえることがイレギュラー*になるような、究極まで洗練に洗練を重ねた、社会の効率化に。

コンビニってその城じゃん、かたまりじゃん。

自分たちで望んでそうしたくせに、その効率のかたまりのようなコンビニに行くと、なんか圧迫されてそうなるわけですよね。

【 a 】
盛田志保子

【 b 】
田中澄子

よくぼくが講演なんかで話すのは、パックの飲み物ね。四角いやつ。穴のところにビニールの膜があって、二段階式のストローがついていて、あれを伸ばしてプスッと挿して飲むやつ。あれを飲むたびに思うことがある。高倉健もこれを飲むだろうかと。

高倉健に一回だけなんでも聞いていいという機会があったら、ぼくは「コンビニに行きますか？」だと思うんだけど。実際テレビでSMAPの誰かがそう聞いててどきどきしました。健さんうまくごまかしてたけど。

勝海舟は一回もコンビニ行かなかったでしょ。坂本龍馬も沖田総司も行かなかった。だから彼らは無傷なわけですね。

ぼくらはもはやコンビニから逃れられないでしょ。コンビニないとこに行くほうが大変ですよ。島にだってありますからね。つながってないように見えて、つながっているんでしょうね。

じゃあパック*のジュースはいけないのか。③飲むたびにみじめな気持ちになるなら、飲むなよって話になるんだけど。でもあれは多分、我々の「生きのびる」ための知恵を、その粋を集めた形態だよね。

衛生とか輸送とか保管とかすべての面で最良なんでしょう。「生きのびる」ために最良の形だと、結論が出ている。三角のテトラパックとかガラスの牛乳瓶、もう見ないよね。

それなら、最良の形のものに取り囲まれていながら、どうして飲むたびにいい気持ちにならないのかっていうと、それは「生きのびる」側ではない、「生きる」側の自分が、それに何か拒否反応を示すからなんだよね。

「生きる」側の自分っていうのは、高倉健のような、坂本龍馬のような人物。我々にとっての彼らは映画やテレビの世界の住人だから、「生きのびる」側の要素はないことになっている。純粋に「生きる」だけの人。

この問題はすごく影響を与えてますね。

「【 b 】」って何と戦っているんだ？

もちろん戦っているのは、今言ったようなものですよね。④コンビニ的なるもの。ぼくらの内なる、生きのびねばならぬという側の社会が要請した、「お一人様三点限り」。こんなにいいものが買えるんだから皆さん何点でもほしいでしょう？　っていうことが一方的に前提になった、「お一人様三点限り」。

だけど同時に、これは三点で得なのか？　っていう、ちょっとダマしてんじゃないの？　っていう気持ちもあって、そう言われたけど、「私」はピタリと二点で止めたんですよね。

この戦いは、なんだっていう話です。

「【 a 】」って、これも戦い。これ、下品だっていうんじゃなく、「あのこ」をリスペクトしてるんです。そのワイルドさに「生きる」力がある。

「生きのびる」という命題が生み出した社会の強制力に対して、「生きる」というもうひとつの大きな命題が要請する、戦いの意識のような感覚。

（穂村弘「はじめての短歌」一部表記・体裁を改めた）

＊どら＝父の口癖。おいしいおかずを勧められたときに箸をのばしながら言う。

＊イレギュラー＝異常。

(1) ——線部①「洋服が防寒具の人」とありますが、この説明として最も適切なものを次から選び、記号で答えなさい。（4点）

ア 洋服が外見を飾るものでもあるという認識がない人

イ 洋服は防寒の役割を果たすための物だと断言する人

ウ 外見を気にせず必要以上にたくさん着込んでいる人

エ 今と気候が違い、気温が低い時代に生きていた人

(2) 記述式 ——線部②「これ」の指示内容を文中の言葉を用いて二十字以内で答えなさい。（6点）

(3) ——線部③「飲むたびに……になる」とありますが、この理由として最も適切なものを次から選び、記号で答えなさい。（4点）

ア 三角のテトラパックやガラスの牛乳瓶などの方が自分は好きだから

イ 穴にストローを挿して飲むことを強制されているような感じだから

ウ コンビニで飲食物を購入することが当たり前の自分が恥ずかしいから

エ　高倉健のような、かっこいい飲み方ができない自分がみじめだから

(4)　――線部④「コンビニ的なるもの」とありますが、これを説明した次の文の□に入る言葉を文中から六字で抜き出しなさい。（6点）

「生きのびる」ために人に対して、□が強制するものごと

(5)　【a】・【b】に入る以下の短歌のA～Dに入る言葉を文中から抜き出しなさい。（4点×4―16点）

【a】
A紙パックジュースをBの穴からBなしで飲み干す

【b】
Cと言われても私はDでピタリと止めた

A	C
B	D

〔明治大付属中野八王子高―改〕

2　次の俳句と鑑賞文を読んで、あとの問いに答えなさい。

海に出てしばらく浮かぶ春の川　　大屋達治

河口は美しい所といつも思うのです。泉のひと噴き、山清水のひと雫が川となり野を下り生活の匂いを加えつつやっとたどり着いた終着駅なのですから。海も川を迎えに河口まで入ってくることがあります。やや海の方が深い色をしているようで、堤防などに腰かけて見ていると、あたかも川と海が会えたのを喜び合うかのように、手を取り抱き合い、もつれ合ってひと色となり消えていくのがわかります。深いAの上にBがしばらく浮かぶ様はまさに早春の景にふさわしいものです。遥かかなたの山々からの雪解水が入っていることでしょう。歓喜、それも静かなる喜びを見事に表現している句です。

（野中亮介「俳句のこころ遊び」）

(1)　A・Bに入る言葉を、それぞれ答えなさい。ただし、次の□の言葉から二つずつ選び、組み合わせること。（6点×2―12点）

早春の・淡水の・雪の・海の・帯・空・あい色・山々

A
B

(2)　――線部「歓喜」とあるが、どのような喜びか。二十字以上三十字以内で書きなさい。ただし、句読点等も字数に含める。また、「旅」「春の川」「海」の三つの言葉を用いること。（16点）

〔茨城〕

3 次の詩と鑑賞文を読んで、あとの問いに答えなさい。

アンモナイト

小野浩

ネパール*のバザールで買った黒い石
そっと輪ゴムをはずすと
カリリッ
合わさった石は二つにわれた
二億年も前に生きていた貝がそこにあった
太古の海の香りがする
貝はぼくをみているようだ

石に耳を
海の底をはう砂の音も
①高いヒマラヤと深い海をつなぐ
てのひらのアンモナイト

＊ネパール＝インドの北に接する国。ヒマラヤ山脈中央部南斜面に位置する。

【鑑賞文】この詩は、ネパールの市場で買ったアンモナイトの化石への思いを描いた作品である。

［A］という音をきっかけとして、アンモナイトが生きていた時代へと作者の想像は広がり、今と昔の時間を結び付ける。

作者の［B］に載っている化石となったアンモナイトは、かつて命を持ち、太古の深い海の底で生きていた。そのことから、作者は［C］が周囲に漂っているように感じる。そして、いつの間にか②空想の世界に入り込み、目の前の化石が生き返り、自分と向き合っているかのように感じている様子が大変印象的である。

(1) ［A］～［C］に入る言葉を詩からそれぞれ五字以内で探し、抜き出しなさい。（6点×3―18点）

A
B
C

記述 (2) ――線部①「高い……つなぐ」とあるが、これを説明した次の文の［　］に入る言葉を、十五字以内で答えなさい。（10点）

化石に耳を当てると砂の音がして、かつて［　］ことが想起された。

(3) ――線部②「空想の……感じている様子」は、詩の中ではどのように表現されているか。最も適切な言葉を一行で探し、はじめの二字を抜き出しなさい。（8点）

〔兵庫〕

【　月　日】

16 古文の基礎

Step 1 基本問題

解答▼別冊19ページ

1 次の文の――線部の意味をそれぞれ答えなさい。

(1) 上・中・下、酔ひあきて、いと<u>あやしく</u>、潮海のほとりにて、あざれ合へり。（紀貫之「土佐日記」）

[　　　　]

(2) <u>えも言はず</u>茂りわたりて、いと恐ろしげなり。（菅原孝標女「更級日記」）

[　　　　]

2 次の文章を読んで、――線部の主語をそれぞれ答えなさい。

(1) 昔、男ありけり。女のえ得まじかりけるを、年を経てよばひわたりけるを、からうじて盗みいでて、いと暗きに<u>来にけり</u>。（「伊勢物語」）

[　　　　]

(2) このことを帝聞こしめして、竹取が家に御使<u>つかはさせたまふ</u>①。御使に竹取出で会ひて、<u>泣くことかぎりなし</u>②。（「竹取物語」）

①[　　　　]　②[　　　　]

3 次の文章を読んで、あとの問いに答えなさい。

*吾にしたがひて物まなばむ<u>ともがら</u>①も、わが後、またよき<u>考へ</u>②のいできたらむには（出てきた場合には）、かならずわが説になゝづみそ（こだわってはいけない）。わが<u>あしきゆゑ</u>③をいひて、よき考へをひろめよ。すべておのが（わたしが）人を教ふるは、*道を明らかにせむ（しようと思うから）となれば、かにもかくにも（ともかくも）、道を<u>明らかにせむ</u>④（することが）ぞ、吾を用ふる（わたしを生かすということなのである）にはありける。道を思はで、いたづらに（むやみに）吾を<u>たふとまん</u>⑤（尊ぶことは）は、わが心にあらざるぞかし（ではないのだよ）。（本居宣長「玉勝間」）

重要点をつかもう

■ **古文の特徴**

古代から近世の文語文を古文という。文語文法に従い、歴史的仮名遣いを用いて表記される。

①古語

現代では使われない語、異なる意味をもつ語、慣用的に使われる語などがある。

②文法

現代の文法と異なる点がある。**動詞・形容詞・助動詞・係り結び**は特におさえておく。

③省略

古文では、主語・助詞・目的語・補語・述語の省略が見られる。主語と述語の関係や、「誰が、いつ、何を、どうする」などの文型に注意する。

＊吾＝ここでは筆者である本居宣長（江戸時代の学者）のこと。＊道＝人として行うべき正しいこと。

(1) 《語句の知識》――線部①「ともがら」の文中における意味として最も適切なものを次から選び、記号で答えなさい。

ア 子供たち　イ 兄弟たち　ウ 弟子たち　エ 役人たち

(2) 《語句の知識》――線部②「よき」の対義語を、文中から抜き出しなさい。

(3) 《仮名遣い》――線部③「ゆゑをいひて」・④「明らかにせむぞ」・⑤「たふとまんは」を、現代仮名遣いに直しなさい。

(4) 《内容の理解》本文の内容と合うものを次から選び、記号で答えなさい。

ア 私の教えには間違いはないのだから、道を明らかにして、生きる支えとしていくべきである。

イ 私の教えでも間違ったことは指摘して、よりよい考えを広め、道を明らかにしていくべきである。

ウ 私の教えでも間違いはあるのだから、道にこだわらず、よりよい生き方を学んでいくべきである。

エ 私の教えの間違いは考えることなく、それぞれが正しいと思う道を進むように心がけていくべきである。

〔群馬―改〕

〈解答欄〉

(1) [　　]　(2)

(3) ③ 　④ 　⑤

(4) [　　]

● 歴史的仮名遣いとその読み方

現代の発音ではなく平安時代中期の発音に基づく仮名遣いのこと。江戸時代の僧、契沖がまとめた。

● 語中・語尾の「は・ひ・ふ・へ・ほ」は「ワ・イ・ウ・エ・オ」と読む。

● ワ行の「ゐ・ゑ・を（助詞以外）」は「イ・エ・オ」と読む。

● 連続する母音「au・iu・eu・ou」は「ô・yû・yô・ô」と読む。

● 「ぢ・づ」は「ジ・ズ」と読む。

● 語中の「む」は「ン」と読む。

● 「くわ・ぐわ」は「カ・ガ」と読む。

問題のヒント

3

(1) この文章は、作者の本居宣長が学問をする「ともがら」に呼びかけたものであることを読み取る。

(2) 基本的で重要な古語の対義語である。

(4) 宣長は学問の目的をどのように考えているかを読み取る。

Step 2 標準問題

解答▼別冊 20ページ

時間 40分　合格点 80点　得点 　点

【　月　日】

1 次の文章を読んで、あとの問いに答えなさい。

＊仁和寺にある法師、年寄るまで、＊石清水を拝まざりければ、心うく覚えて、ある時思ひ立ちて、ⓐただ一人、徒歩よりまうでけり。＊極楽寺・高良などを拝みて、かばかりと心得て帰りにけり。さて、ⓑかたへの人にあひて、ⓒ「年ごろ思ひつること、果たし侍りぬ。聞きしにも過ぎて、尊くこそおはしけれ。そも、参りたる人ごとに山へ登りしは、何事かありけむ、ゆかしかりしかど、神へ参ることこそ本意なれと思ひて、山までは見ず」ⓓとぞ言ひける。

ⓔ少しのことにも、先達はあらまほしき事なり。

（兼好法師「徒然草」第五二段）

＊仁和寺＝身分の高い方が代々住職となった、格式がある有名なお寺。
＊石清水＝石清水八幡宮のこと。三大神社の一つとされた有名な神社。
＊極楽寺・高良＝石清水八幡宮に付属する神社。

(1) 《現代語訳》――線部ⓐの現代語訳として最も適切なものを次から選び、記号で答えなさい。（8点）

ア たった一人、徒歩でおいでになった
イ 一人のみ、徒歩でいらっしゃるだろう
ウ 一人きりで、徒歩で参詣した
エ ただ一人が、徒歩で訪ねるらしい

(2) 《仮名遣い》――線部ⓑ「かたへの人にあひて」をひらがなで現代仮名遣いに直しなさい。（6点）

記述 (3) 《内容の理解》――線部ⓒとはどういうことか。十五字以内で答えなさい。（16点）

(4) 《文語文法》――線部ⓓ「とぞ言ひける」について、次の①・②の問いに答えなさい。

① この部分にある文法上の法則名を答えなさい。（6点）

② 文中で、同じ文法上の法則が使われている箇所は――線部ⓓを含めて何箇所あるか。算用数字で答えなさい。（8点）

　箇所

重要 (5) 《内容の理解》――線部ⓔについて、次の①・②の問いに答えなさい。

① 誰の考えか。最も適切なものを次から選び、記号で答えなさい。（6点）

ア 法師　イ かたへの人　ウ 神　エ 筆者

② 意味として最も適切なものを次から選び、記号で答えなさい。(10点)

ア 取るにたりないようなことでも、先輩というのは尊敬できるものだ。

イ なんでもない小さなことにも、その道の先導者はあってほしいものだ。

ウ 少しの距離しか移動しなくても、旅の道づれがいるのは意味のあることだ。

エ 相手とほんの少しの差であっても、自分が先を歩くことが大切だ。

(6)《品詞》――線部の品詞として最も適切なものを次から選び、記号で答えなさい。(6点)

ア 形容詞　イ 動詞　ウ 接続詞　エ 助動詞

〔法政大高―改〕

2 次の文章を読んで、あとの問いに答えなさい。

そもそも、上手*にも悪き所あり、下手にもよき所かならずあるものなり。これを見る人もなし*。①主も知らず。上手は、②名を頼み、達者に隠されて、悪き所を知らず。下手は、もとより工夫なければ、悪き所をも知らねば、よき所のたまたまあるをもわきまへず。されば、上手も下手も、たがひに人に尋ぬべし。（世阿弥「風姿花伝」）

*上手＝わざのすぐれた者。

*これを見る人もなし＝これを見分ける人もいない。

(1)《文脈の把握》――線部①の「主」にあたる人物として最も適切なものを次から選び、記号で答えなさい。(8点)

ア 上手　イ 上手と下手　ウ 下手　エ これを見る人

(2) 重要 《語句の知識》――線部②の意味として最も適切なものを次から選び、記号で答えなさい。(10点)

ア 上手であるという名声を過信して

イ 上手であるという名声を誇示して

ウ 上手であるという名声を追求して

エ 上手であるという名声を期待して

(3) 記述 《内容の理解》次の文は、文中で述べられていることをまとめたものである。□に入る言葉を考えて、二十字以内で答えなさい。(16点)

わざを極めるためには、□ことが必要だ。

〔宮城〕

ワンポイント

「風姿花伝」は、世阿弥が著した能楽書。ここでは、上手と下手を相対化し、「されば、上手も下手も、たがひに人に尋ぬべし」という結論を導いていることを理解する。

17

第6章 古典を読む

古文を味わう

【　月　日】

Step 1 基本問題

解答▼別冊21ページ

1 次の文章を読んで、あとの問いに答えなさい。

春はあけぼの(明け方)。①やうやう(だんだん)白くなりゆく山ぎは、少しあかりて(明るくなって、紫がかった)、紫だちたる雲の細くたなびきたる。

夏は夜。月のころはさらなり(言うまでもなく)、やみもなほ(やはり)、蛍の多く飛びちがひたる。また、ただ一つ二つなど、ほのかにうち光りて行くもをかし。雨など降るも②をかし。

秋は夕暮れ。夕日のさして山の端いと近うなりたるに、烏の寝所へ行くとて、三つ四つ、二つ三つなど飛び急ぐさへ③あはれなり。④まいて(まして)雁などの連ねたるが(列をつくっているのが)、いと小さく見ゆるは、いとをかし。日入り果てて、風の音、虫の音など、はた言ふべきにあらず。

冬はつとめて(早朝)。雪の降りたるは言ふべきにもあらず、霜のいと白きも、またさらでも(そうでなくても)いと寒きに(寒いときに)、火など急ぎおこして、炭もて渡るも、いと⑤つきづきし。昼になりて、ぬるくゆるびもていけば(寒さがしだいにゆるんで暖かくなっていくと)、火桶の火も、白き灰がちになりて⑥わろし。

（清少納言「枕草子」第一段）

重要点をつかもう

■ 清少納言と枕草子

「枕草子」の作者は一条天皇の中宮定子に仕えた清少納言である。「枕草子」は、作者が自身の宮仕えの体験を中心に、人生や自然、真理などを鋭い感性で描いている。

■ 「枕草子」第一段

春夏秋冬、四季を骨組みにした第一段である。それぞれの季節の美を鮮やかに描写している。春の美しさを「あけぼの」に見出したところに、清少納言独自の感性が現れている。

問題のヒント

(1) 歴史的仮名遣いの連続する母音の読み方をおさえる。

(2) 古語には、古語特有の語や現代語と意味の異なる語がある。

うつくしきもの　瓜にかきたるちご（幼児）の顔。雀の子の、ねず鳴き（ねずみの鳴きまね）するにをどりくる。二つ三つばかりなるちごの、いそぎてはひくる道に、いとちひさき塵のありけるを、目ざとに（目ざとく）見つけて、いとをかしげなる（かわいらしい）指にとらへて、大人ごとに（大人一人一人に）みせたる、いと⑦うつくし。

（清少納言「枕草子」第一四五段）

古語と現代語の違いをしっかり確認しよう。

(3) 烏について「あはれなり」としたあとで、「まいて雁など……」と述べている。

(4) 「うつくし」は、現代語の「美しい」と意味が異なる。清少納言（平安時代の女性）がどのようなものを「うつくし」と感じていたのかを読み取る。

(1) 《仮名遣い》——線部①「やうやう」を、現代仮名遣いに直しなさい。

(2) 《語句の知識》——線部②・③・⑤・⑥・⑦の意味として最も適切なものをそれぞれ次から選び、記号で答えなさい。

ア よくない
イ 心にしみて情趣がある
ウ 理知的な趣がある
エ いかにも似つかわしい
オ かわいい

記述式
(3) 《心情の理解》——線部④「まいて」に込められた作者の心情を説明しなさい。

記述式
(4) 《内容の理解》作者は文中で、どのようなものを「うつくし」と捉えているか。簡潔に説明しなさい。

〈解答欄〉

(1)

(2) ② ③ ⑤ ⑥ ⑦

(3)

(4)

解答▼別冊22ページ

時間 40分　合格点 80点　得点　　点

【　月　日】

1 次の文章を読んで、あとの問いに答えなさい。

＊法性寺殿に＊会ありける時、＊俊頼朝臣参りたりけり。＊兼昌、＊講師にて歌読みあぐるに、俊頼の歌に名を書かざりければ、＊見合はせて＊うちしはぶきて、「御名はいかに」と忍びやかに言ひけるを、「ただ読み給へ」と言はれければ読みける歌に、

＊卯の花の＊身のしらがとも見ゆるかな＊賤が垣根もとしよりにけり

と書きたりけるを、兼昌＊した泣きして、しきりにうちうなづきつつ、＊めで感じけり。

（鴨長明「無名抄」）

＊法性寺殿＝藤原忠通。　＊会＝歌の会　＊俊頼朝臣＝源俊頼。
＊兼昌＝源兼昌。　＊講師＝歌会の席で提出された歌を読み上げる役。
＊見合はせて＝目を向けて。　＊うちしはぶきて＝咳払いをして。
＊卯の花＝ウツギの花。ユキノシタ科の落葉低木。五、六月頃に開花する。
＊身の＝我が身の。　＊賤が垣根＝私の賤しい家の垣根。
＊した泣きして＝声を忍ばせて泣いて。
＊めで感じけり＝感心してほめた。

(1)《主語の把握》――線部「『ただ読み給へ』と言はれければ」とあるが、「ただ読み給へ」と言ったのは誰か。最も適切なものを次から選び、記号で答えなさい。(10点)

ア 忠道　イ 俊頼　ウ 兼昌

記述式 (2)《内容の理解》文中の歌について、次の①・②に答えなさい。

① 歌に詠まれた「卯の花」は何色か。(10点)

② 「垣根もとしよりにけり」とは、垣根がどうなったということか。(16点)

重要 記述式 (3)《表現技法》俊頼が自分の歌に名前を書かなかったのは、なぜか。(16点)

（筑波大附属駒場高）

ワンポイント 文中に和歌があるときは、歌が大きな意味を持つことが多い。ここでは和歌の修辞である「掛詞」を見抜き、歌に込められた俊頼の心情を理解して、歌によってどのように状況が変化したのかを読み解くこと。

2 次の文章を読んで、あとの問いに答えなさい。

〔「殿」は、妖怪が出るという別荘に泊まっていた。〕

月のあかき（明るい）夜は、下格子もせで（格子も下ろさずに）、ながめさせたまひけるに、目にも見えぬものの、はらはらとまゐりわたしければ（全部下ろしてしまったので）、さぶらふ（おそばに控えていた）人々は怖ぢさわげど、殿は、つゆおどろかせたまはで（少しも驚かれないで）、御枕上なる（枕元にある）太刀を

引き抜かせたまひて、「□見るとて上げたる格子おろすは、何者のするぞ。いと便なし（不都合なことだ）。もとのやうに上げわたせ（すっかり上げよ）。さらずは（さもなくば）、悪しかりなむ（きっとひどい目にあうぞ）」と仰せられければ、やがてまゐりわたし（すぐにもとのようにすっかり上げたり）など、おほかた落ち居ぬことどもはべりけり（気持ちの静まらないいろいろなことがございました）。（「大鏡」）

＊格子＝細い木や竹などを縦横に組んで、窓などに取りつけたもの。

(1) 《内容の理解》□に入る言葉を、文中から漢字一字で抜き出しなさい。（10点）

(2) 《主語の把握》——線部「まゐりわたし」とあるが、誰の動作か。文中から抜き出しなさい。（12点）

(3) 《人物像の理解》文中で「殿」はどのような人物として描かれているか。最も適切なものを次から選び、記号で答えなさい。（10点）

ア 度胸の据わった人物　イ 神経の細やかな人物
ウ 思いやりに満ちた人物　エ 好奇心の強い人物

〔青森〕

ワンポイント
「目にも見えぬもの」に「殿」はどのように対処したのかを読み取る。

3 次の文章を読んで、あとの問いに答えなさい。

孔子の、弟子どもを具して、道をおはしけるに、＊垣より、馬、頭をさしいでてありけるを見て、「牛よ」とのたまひければ、弟子どももあやしと思ひて、あるやうあらむ（何か理由があるのだろう）と思ひて、道すがら、心を見む（孔子の考えを知ろう）と思ひけるに、顔回といひける第一の弟子の、一里を行きて、心得たりけるやう、「＊日よみの＊午といへる文字の、頭さしいだして書きたるをば、牛といふ文字になれば、人の心を見むとて、のたまふなりけり」と思ひて、問ひ申しければ、「しか、さなり（そう、そのとおり）」とぞこたへたまひける。

（源俊頼「俊頼髄脳」）

＊垣＝垣根。　＊日よみ＝暦、または十二支。　＊午＝十二支の一つ。

記述　難問

(1) 《内容の理解》——線部「心得たりける」とあるが、顔回は孔子がどのように考えたと理解したのか。それを説明した次の文の□に入る言葉を、三十字以内で答えなさい。（16点）

馬が垣根から顔を出していたことと、□ことを結びつけた。

〔千葉〕

ワンポイント
「馬」を「牛」と言った孔子の考えを推測してみよう。顔回の言葉を読み解くこと。

【　月　日】

18 漢文の基礎

Step 1 基本問題

解答▼別冊23ページ

1 次の文章を読んで、あとの問いに答えなさい。

【書き下し文】

楚人に盾と矛とを鬻ぐ者有り。之を誉めて曰はく、「吾が盾の堅きこと、能く陥すもの莫し。」と。又其の矛を誉めて曰はく、「吾が矛の①利きこと、物に於いて、②陥さざる無し。」と。或るひと曰はく、「③子の矛を以て、子の盾を陥さば何如。」と。其の人応ふること能はざりき。

【漢文】

楚人有下鬻二盾与一レ矛者上。誉レ之曰、「吾盾之堅、莫二能陥一也。」又誉二其矛一曰、「吾矛之利、於レ物、無レ不レ陥也。」或曰、「以二子之矛一、④陥子之盾何如。」⑤其人弗レ能レ応也。

（韓非「韓非子」）

重要点をつかもう

■ 漢文のきまり

中国の古典を、翻訳しないで直接日本語として読み解いているので、日本の文語のきまりに従って読む。

①**訓点**…漢文を訓読するための符号（返り点・送り仮名など）の総称。

- **返り点**は漢字の左下につける。

レ点…すぐ上の漢字に返る。

一・二点…二字以上隔てて、一のついた下の漢字から二のついた上の漢字に返る。

上下点、上中下点…一・二点を用いた句をはさんで、さらに上の字に返る。

一レ、上レ…レ点とほかの返り点との併用。レ→一二（上下）点の順に返る。

- 漢字の右下の片仮名は**送り仮名**、右の平仮名は**読み仮名**。

(1)《語句の知識》――線部①「利きこと」とあるが、これの意味を答えなさい。

(2)《仮名遣い》――線部②「陥さざる」とあるが、「とほさざる」を現代仮名遣いに直しなさい。

(3)《語句の知識》――線部③「子」とあるが、これの読み方をひらがなで答えなさい。

(4)《訓点》――線部④「陥子之盾何如」に、書き下し文を参考にして、返り点をつけなさい。

(5)《文脈の把握》――線部⑤「其人弗レ能レ応也」とあるが、その理由を説明しなさい。記述式

(6)《語句の知識》この故事から生まれた「矛盾」という言葉の使い方として最も適切なものを次から選び、記号で答えなさい。

ア 父と私の食べ物の好みはいつも矛盾している。

イ 彼の言ったことと実際の行動は矛盾している。

ウ 知らんぷりと知ったかぶりは意味が矛盾している。

エ 決勝に進んだ二つのチームの実力は矛盾している。

〔青森―改〕

〈解答欄〉

(1)

(2)

(3)

(4) 陥サバ 子 之 盾ヲ 何 如

(5)

(6) [ ]

---

②書き下し文…漢文を訓点に従って日本文にしたもの。

- 日本の古典文法に従って、歴史的仮名遣いで書く。
- 文語文法で助詞・助動詞にあたる漢字は平仮名で書く。
- 再読文字で二度目に読む部分は平仮名で書く。
  例 未(いまダ)…(ず)→未だ…ず
- 置き字(而・於・也など)は読まない。

問題のヒント

(2) 古文で学習した歴史的仮名遣いのきまりを思い出そう。

(4) 漢文で「盾を」の次に「陥さば」を読むためには、間の「子之」をはさんで返る必要がある。

(5) 直前の「或るひと」の言葉に着目する。

(6) 故事成語の意味を覚えよう。「矛盾」の意味は、つじつまが合わないこと。

解答▼別冊23ページ

時間 40分　合格点 80点　得点 点

【　月　日】

1 次の文章を読んで、あとの問いに答えなさい。

＊楊朱の弟を＊布と曰ふ。＊素衣を衣て出づ。天雨ふる。①素衣を解ぎ＊緇衣を衣て反る（帰ってきた）。其の狗知らずして、②迎へて之を吠ゆ。楊布怒りて将に之を扑たんとす（たたこうとした）。楊朱曰はく、＊子扑つこと無かれ（いけない）。子も亦猶ほ是くのごとくならん（同じことだろう）。嚮に汝の狗をして（出かける前におまえの狗が）白くして往き（白い姿で出かけ）、黒くして（黒くなって）来たらしめば（帰ってきたら）、豈に能く怪しむこと③無からんや（どうして怪しまないでいられようか、いや、怪しむよ）と。（列禦寇「列子」）

＊楊朱＝人の名前。　＊布＝人の名前。楊布のこと。
＊素衣＝白い着物。　＊緇衣＝黒い着物。　＊子＝あなた。

重要 (1) 《訓点》 ――線部①は、漢文「解素衣」を書き下し文に直したものである。この漢文に返り点をつけなさい。（6点）

解ギ 素 衣ヲ

(2) 《指示内容の理解》 ――線部②について、ここで狗はなぜ吠えたのか。その理由を説明した次の文の□に入る言葉を、二十字以内で答えなさい。（10点）

□ために、帰ってきたのが楊布であるということが認識できなかったから。

(3) 《内容の理解》 ――線部③「無からんや」で終わる会話文は、どこから始まるか。始まりの部分を文中から五字で抜き出しなさい。（6点）

□□□□□

〔山口―改〕

2 次の文章を読んで、あとの問いに答えなさい。

＊田子方、老馬を道に見、喟然として（心を痛めてため息をついた）志すあり。もつて其の御（御者）にⓐ問ひていはく、「これ何の馬ぞや。」と。其の御いはく、「これもと公家（役所）の畜なり、老罷して（老い衰えて）用を為さず、出してⓑこれをひさぐ（売る）。」と。田子方いはく、「少くしてⓒ其の力を貪り（散々利用し）、老いて其の身を棄つること、仁者（徳のある人）は為さざるなり。」と。＊束帛もつてこれをあがなふ（買い取った）。罷武（年老いた武人たち）、これを聞き、ⓓ心を帰する所を知る（この人こそ心を寄せられる人だと思った）。（劉安「淮南子」）

＊田子方＝魏の国の人。
＊束帛＝白絹を巻いて束にしたもの。当時、とても高価であった。

(1) ――線部ⓐ「問ひていはく」について答えなさい。（6点×2―12点）

① 《仮名遣い》 ――線部ⓐをひらがなで現代仮名遣いに直しなさい。

□

② 《主語の把握》 ――線部ⓐの主語として最も適切なものを次から選び、記号で答えなさい。

ア 田子方　イ 老馬　ウ 御　エ 罷武

□

(2)《指示内容の理解》――線部ⓑは何を指すのか。文中から漢字二字の語を抜き出しなさい。(6点)

(3)《訓点》――線部ⓒは、漢文「貪 其 力」を書き下し文に改めたものである。この漢文に返り点をつけなさい。(6点)

貪リ 其ノ 力ヲ

(4)《内容の理解》――線部ⓓについて、「羆武」たちがこのように思ったのはなぜか。次の文の A ・ B に入る言葉を答えなさい。(10点×2―20点)

田子方の A という行動から、彼が B という徳のある人だとわかったから。

A

B

〔石川〕

3 次の漢詩と解説文を読んで、あとの問いに答えなさい。

郭司倉を送る　王昌齢

門に映じて淮水緑なり
騎を留む主人の心
明月良掾に随ひ
春潮夜夜深し

①送ル郭司倉ヲ　王昌齢

映ジテ門ニ淮水緑ナリ
留ムレ騎ヲ主人ノ心
明月随ヒ良掾ニ
春潮夜夜深シ

＊郭司倉＝倉庫をつかさどる役人。　＊良掾＝立派な役人。
＊淮水＝大河の名。

【解説文】作者は、転任する友人を見送るため、夜に宴を催し、その席でこの詩を詠んだと思われる。まず、第一、二句で、月の光を受けて輝く淮水の緑と、②騎上の人を引き留める人の気持ちを述べる。そして、第三、四句で、月が立派な役人に付き従ったように見えなくなった時、川の流れは夜ごとその水かさが増すだろうと述べる。「 A 」は友の清らかな人格をイメージさせ、対に並べられた「 B 」に、残された人の静かに深まる思いを重ねることで、美しい情景とともに③作者の気持ちを切々と伝えている。

(1)《訓点》――線部①が書き下し文の読み方になるように、返り点をつけなさい。(6点)

送ル 郭 司 倉ヲ

(2)《内容の理解》――線部②とは誰のことか。漢詩から抜き出しなさい。(6点)

(3)《表現の理解》 A ・ B に入る二字の言葉を、漢詩からそれぞれ抜き出しなさい。(6点×2―12点)

A

B

(4)《心情の理解》――線部③はどのような気持ちか。「友」という言葉を用いて、「気持ち」に続くように十字以内で説明しなさい。(10点)

気持ち。

〔兵庫〕

19 漢文を味わう

【　月　日】

Step 1 基本問題

解答▼別冊 25ページ

1 次の漢詩を読んで、あとの問いに答えなさい。

〔安禄山が反乱を起こした七五五年、作者は家族を安全なところに避難させると、自らは皇帝の元へ馳せ参じようとした。だが、不幸にも作者は反乱軍によって捕らわれてしまう。この漢詩は長安で軟禁状態に置かれていた作者によって詠まれたものである。〕

国破山河在
城*春草木深
感時*花濺*涙
恨*別鳥驚心
烽*火連三*月
家*書抵*万金
白頭掻*更短

【書き下し文】

国破れて山河在り
城春にして草木深し
時に感じては花にも涙を濺ぎ
別れを恨んでは鳥にも心を驚かす
烽火三月に連なり
家書万金に抵る
白頭掻けば更に短く

重要点をつかもう

■ 漢文解釈のポイント

① 漢詩の形式
- 五言絶句…一句が五文字で四句から成る。
- 七言絶句…一句が七文字で四句から成る。
- 五言律詩…一句が五文字で八句から成る。
- 七言律詩…一句が七文字で八句から成る。

② 一首の構成
- 絶句…起句・承句・転句・結句
- 律詩…首聯（一・二句目）・頷聯（三・四句目）・頸聯（五・六句目）・尾聯（七・八句目）

③ 対句

律詩の頷聯・頸聯はそれぞれ対句になっている。それ以外でも対句が存在することは多いので注意。

渾（すべテ）欲（ほっス）レ□レ勝（たヘ）簪（しんニ）　渾べて簪に勝へざらんと欲す

（杜甫（とほ）「春望」）


*城＝ここでは、長安の街のこと　*時＝戦乱の時世。

*濺涙＝はらはらと涙を流す。　*恨別＝家族との別れを恨み悲しむ。

*烽火＝戦いの合図ののろし。　*三月＝何カ月にも。

*家書＝家族からの手紙。　*抵＝相当する。

*掻＝かきむしる。　*欲＝〜しそうだ。　*勝＝たえる。

*簪＝冠（かんむり）に髪（かみ）を挿（さ）しとめるためのピン。男も使った。日本の簪（かんざし）とは異なる。

(1)《詩型》この漢詩の形式を漢字四字で答えなさい。

(2)《表現技法》この漢詩の第一句と第二句、第三句と第四句の間には特定の関係が見られる。このような技法を何というか、漢字で答えなさい。

(3)《表現技法》この漢詩のいくつかの句末の漢字を当時の中国語または日本語（音読み）で読むと、ある発音上の法則が見られる。このことを一般（いっぱん）に何と呼ぶか。「〜を踏（ふ）む」の形になるように、漢字で答えなさい。

重要

(4)《語句の知識》□に入る字を、漢字一字で答えなさい。

記述式

(5)《心情の理解》――線部「家書抵万金」とあるが、この句が表現している作者の心情を〔　〕内の文章も参考にして三十字以内で説明しなさい。

〈解答欄〉

(1)

(2)

(3)　を踏む

(4)〔　〕

(5)

④押韻（おういん）

五言詩では偶数（ぐうすう）句の末、七言詩では、第一句の末と偶数句の末に韻を踏むのが原則である。

問題のヒント

(4) 書き下し文の「勝へざらん」に相当する。否定の意味を持つ漢字一字は何か。

(5) 家からの手紙は金一万にもあたるとする心情（じょうきょう）を、作者と家族の置かれた状況を踏まえて考えよう。

Step 2 標準問題

解答▼別冊25ページ

時間 40分　合格点 80点　得点 　点

【　月　日】

1 次の文章は、中国の漢の国の役人である華歆と王朗が、国内が乱れたため難を避けて船で逃げている場面を描いたものである。**これを読んで、あとの問いに答えなさい。**

華歆・王朗ともに船に乗りて難を避く。①依附（連れて行ってほしいと願う）せんと欲するもの有り。華歆これをはばむ。王朗曰はく、「幸ひなほ船広し、②何すれぞ可ならざらん」と。後、賊追ひて至るに、王朗携へし所の人を捨てんと欲す。華歆曰はく、「元ためらひし所以（はじめに連れて行くことをためらった理由）は、正にこれがためのみ。すでにその自託を納る（頼みを受け入れた）、③何ぞ急をもつて捨つべけんや」と。つひに携拯（一緒に行く）すること初めのごとし。④世これをもつて華歆・王朗の優劣を定む。

（劉義慶「世説新語」）

(1) 《訓点》——線部①「依附せんと欲するもの有り」とあるが、漢文では「有欲依附」となる。書き下し文の読み方になるように返り点をつけなさい。（8点）

有 欲 依 附

(2) 《現代語訳》——線部②「何すれぞ可ならざらん」とあるが、これはどのような意味か。最も適切なものを次から選び、記号で答えなさい。（8点）

ア どうして乗せてやることなどできようか。
イ どうして乗せてやれないことがあろうか。
ウ どうして乗せてやらなければならないのか。
エ どうして乗せてやるべきだなどというのか。

(3) 《内容の理解》——線部③「急」とあるが、これは具体的にどのような状況を表しているか。文中の言葉を六字で抜き出しなさい。（6点）

難問
(4) 《指示内容の理解》——線部④「世これをもつて華歆・王朗の優劣を定む」とあるが、世間の人々は、華歆と王朗のどちらを優れていると考えたか。優れているとされた人物の名前を選んで答えなさい。また、その理由を説明した次の文の□に入る言葉を、十五字以上二十字以内で答えなさい。（完答24点）

名前 □

理由 先の見通しがきき、しかも□という行動をとったから。

〔岩手〕

2 次の文章を読んで、あとの問いに答えなさい。

＊孟孫猟得麑。使＊秦西巴載之持帰。其母随之而啼。秦西巴不忍而与ⓐ之。孟孫帰至而求麑。答曰、「余不忍而与其母。」①孟孫大怒、逐之。居三月、②復召以為其子傅。其御曰、「曩将罪ⓑ之、今召以為子傅、何也。」孟孫曰、「夫不忍麑、又且ⓒ忍吾子乎。」

【書き下し文】　孟孫猟して麑（子ジカ）を得たり。秦西巴（秦西巴に）をして之を載せて持ち帰らしむ（持ち帰らせた）。其の母之に随ひて啼く。秦西巴忍びずして之に与ふ。孟孫帰り至りて（屋敷に帰ってから）麑を求む。答へて曰はく、「余（私は）忍びずして其の母に与ふ。」と。孟孫大いに怒りて之を逐ふ（追放した）。居ること三月、復た召して以て其の子の傅（養育係）と為す。其の御（御者）曰はく、「曩（そもそも）には将に之を罪せんとし、今は召して以て子の傅と為すは、何ぞや。」と。孟孫曰はく、「夫れ麑にも忍びず、又且た（まして）吾が子に忍びんや。」と。（韓非「韓非子」）

＊孟孫＝人名。　＊秦西巴＝孟孫の家臣。

(1)《指示内容の理解》――線部ⓐ・ⓑの「之」は、それぞれ何を指すか。最も適切なものをそれぞれ次から選び、記号で答えなさい。（6点×2―12点）

ア 孟孫　イ 秦西巴　ウ 麑　エ 母　オ 御

a	b

(2)《現代語訳》――線部ⓒ「忍」の意味と同じ意味で使われている熟語を次から選び、記号で答えなさい。（8点）

ア 忍耐　イ 忍術　ウ 残忍　エ 忍従　オ 隠忍

(3)《心情の理解》――線部①「孟孫大怒」とあるが、なぜ怒ったのか。次の文の A・B に入る言葉を答えなさい。ただし、B は十字以内とする。（10点×2―20点）

狩りをして捕らえた子ジカを A が B から。

A

B

(4)《心情の理解》――線部②「復召以為其子傅」という行動の理由として最も適切なものを次から選び、記号で答えなさい。（14点）

ア 我が子のために捕らえた子ジカを失ってしまったが、秦西巴が三か月後に見つけて連れ戻すことができたから。

イ 秦西巴を罰したことを御者にたしなめられ、こんなことで優秀な人材を失うわけにはいかないと考え直したから。

ウ 秦西巴の処分を三か月も考え続けたが、結局、養育係という役職に降格するのが適当であると判断したから。

エ 子ジカを欲しがった自分の母に、処分も恐れず渡すほど親孝行な秦西巴を、我が子の手本にしたいと思ったから。

オ シカにさえ思いやりのある行動をとる秦西巴のことだから、我が子にひどく当たることはないだろうと考えたから。

〔広島大附高〕

Step 3 実力問題

解答▼別冊26ページ

時間 60分　合格点 80点　得点 点

【 月 日】

1 次の文章を読んで、あとの問いに答えなさい。

古い時代、平安朝中期ですが、そのころにたいへんに愛されてうたわれた＊『和漢朗詠集』の一つの詩があります。

燭を背けては共に憐れむ深夜の月
花を踏んでは同じく惜しむ少年の春　＊白居易

白居易（白楽天）の詩の一節です。『和漢朗詠集』ではこれを巻上の《春夜》という題のところに置いていて、和歌も同時に付け合わせています。①この詩は白楽天の人気絶大な『和漢朗詠集』のたくさんの漢詩文のなかでも、特別に日本人に愛された詩文の一つだと思います。

「燭を背けては共に憐れむ…」、燭を壁に向けて暗くしては友と二人、深夜の月光をめでた。「花を踏んでは同じく惜しむ少年の春」、落花を踏んでは過ぎ行く若い歳月を二人とも同じように哀惜する。「少年」は「幼い」というよりはむしろ「若い歳月」のこと。ですから「青春の春」と言ってもいいでしょう。初々しい詩句で、これはたいへんに日本人に受けました。受けたというのは日本人が桜の花をいつの間にかとても愛するようになったからです。

なぜそんなに桜の花が愛されたかといえば、一方ではちょうど春の霞がかかり、夕暮れになれば朧に桜の花がそっと、しかし明らかにそこにあるということがわかるように咲いている、――そういう実在感がある花ですから、共通してみんなが愛したわけです。

桜の花の愛され方ですが、一方では「麗しく咲いている」という咲き方で愛されたわけですが、もう一方では、比較的早く、それも豪勢な散り際をとても愛した、ということがあると思うのです。咲いているときも美しいが、散るときも美しい、というところで、桜の花は日本人の感受性にぴったりとくるところがあったのだと思います。

桜は、中国から渡ってきた梅のような花木とは違って、日本の土着の花であるというところも、親しみ深く愛された一因かもしれません。中国人は桜の花についてはべつに何とも言っていませんが、日本人が、殊に桜の散るというところに特徴を見いだしたことが、私はとても大事な点だと思っているのです。

平安時代に＊在原業平が堀川太政大臣藤原基経という人の四十歳の賀のときに詠んだ歌で、②賀の歌としてはまことに不思議な作り方をされている歌があります。

さくら花散り交ひ曇れ老いらくの
来むといふなる道まがふがに　在原業平

桜花よ、散り交じって、花の散る勢いでそのへんを曇らせろ。③「老いらく」ということばは「老ゆ」を名詞化し、擬人化したものですが、ここから、老いがやって来るというその道が、散りまごう桜花によって見えなくなってしまうように、という歌です。

これは賀の歌としてはまったく異例な作り方です。「散る」「曇る」ということを最初に出していますし、「老いらく」ということばを四十歳のお祝いの歌で使うのも、実に挑戦的とさえ言っていいでしょう。

これは、『古今集』の巻七に載る歌ですが、いまみたいに書いて発表したのではなくて、うたいあげたに違いないのです。在原業平がお祝いの歌をうたうのでみんなが注目して聞いているわけですが、聞いた瞬間に「散る、曇る、老いらく」ということばが聞こえてきたのですから、みんなおどろいたに違いない。それをわざとやっておいて、下の句で全部引っ繰り返している。――老いがやってくるような道を紛らせてしまえ、見えなくしてしまえというので、最後のところでまことにみごとなお祝いの歌になっているのです。これは業平の、ときの権力者であった藤原氏に対する一種の反骨精神のあらわれだったかもしれないという気がするくらい、珍しい作りの歌です。

こういう歌を見てもわかるように、四十歳をお祝いするときにまず桜花を出すということは、桜の花がそれだけめでたい花として意識されていたからです。その場合、業平が最初に言ったのは「桜花は散る」ということでした。散るということが桜の非常に大きな特徴です。それを生かしているところが業平という人のすごさだと思います。こういうかたちで桜というものは日本人の生活に、ある意味では深く深く入り込んでいたわけです。

われわれはよく、「あの人の物腰には花がある」とか「あの人は花のある人だ」といったことを口にしますが、それは、ある人物のもっている雰囲気とか心映え、そういうもの全体を指して、何となくではあるが明らかに感じられるもの、そのよさ、それを言うのであって、そこに、④「花」ということばの非常に大きな特徴があります。

この場合の「花」は日本古来の伝統からきているわけですが、普通は「桜」を指します。もちろん日常生活で「花がある」といえば、桜とは限定できません。しかし、花ということばそのものが、日本人に与える一つの感じとしてはっきりと、すてきなもの、すぐれたものということを象徴しているわけです。

（大岡信「瑞穂の国うた」）

*『和漢朗詠集』＝平安時代の和歌と漢詩を収めた詩歌集。
*白居易＝中国唐代の詩人。
*在原業平＝平安時代の歌人。

記述式 (1) ――線部①とあるが、筆者がこのように思うのはなぜか。その理由を、二十字以上二十五字以内で答えなさい。（12点）

(2) ――線部②とあるが、どのような点が「不思議な作り方」なのか。その説明として最も適切なものを次から選び、記号で答えなさい。（10点）

ア 「散る」「曇る」「老いらく」という桜花にゆかりがある言葉を連ねることで、直接桜を詠むよりはかえって春の印象が強まり、長寿を祝う席にふさわしい歌になっているという点。

イ 「散る」「曇る」「老いらく」という言葉を歌の最初に出すことによって、聞いている者には長寿を祝う歌だとは思わせず、権力者に対する反骨精神を表した歌になっているという点。

ウ 「散る」「曇る」「老いらく」という四十の賀にはふさわしからぬ言葉を続けているのに、桜花の美しい様子があたかも目に見えるように表現されている歌になっているという点。

エ 「散る」「曇る」「老いらく」という長寿を祝う歌にはふさわしくない言葉を歌の上の句に並べながらも、下の句まで詠めば不老を願うという意味の祝いの歌になっているという点。

(3) ——線部③とあるが、次の各文の——をつけた言葉のうち、「老いらく」と同じ使い方をしているものとして最も適切なものを選び、記号で答えなさい。(10点)

ア 自分の思わく通りに事が運んだのでうれしい。

イ 明日の天気はおそらく雨になるだろう。

ウ 社会に根付く奉仕の精神を養うことは大切だ。

エ 駅に急いで行くも列車は出発していた。

(4) ——線部④とあるが、「花」という言葉の特徴について述べている箇所を、解答欄の「という点。」に続くように文中から二十五字以内で抜き出しなさい。(12点)

という点。

〔都立青山高—改〕

2 次の【Ⅰ】、【Ⅱ】の文章を読んで、あとの問いに答えなさい。

【Ⅰ】「おくのほそ道」による

那須の黒羽といふ所に知る人あれば、これより野越えにかかりて直道を行かんとす。遥かに一村を見かけて行くに、雨降り日暮るる。農夫の家に一夜を借りて、明くればまた野中を行く。そこに野飼ひの馬あり。草刈る男に①嘆き寄れば、野夫といへどもさすがに情知らぬにはあらず。「いかがすべきや。されどもこの野は東西縦横に分かれて、うひうひしき旅人の道踏みたがへん、あやしうはべれば、この馬のとどまる所にて馬を返したまへ」と、貸しはべりぬ。小さき者ふたり、馬の跡慕ひて走る。ひとりは小娘にて、名を「かさね」といふ。聞きなれぬ名のやさしかりければ、

かさねとは八重撫子の名なるべし　曾良

やがて人里に至れば、②価を鞍壺に結び付けて馬を返しぬ。

＊那須の黒羽＝今の栃木県日光東方の城下町。
＊直道＝まっすぐな近道。　＊野夫＝田畑に出て働く男。
＊あやしうはべれば＝心配ですので。　＊八重撫子＝花の名。
＊鞍壺＝馬の鞍の、人がまたがる所。

【Ⅱ】「韓非子」による

管仲・隰朋、桓公に従て孤竹を伐ち、春往きて冬反る。迷惑して道を失ふ。管仲曰く、「③老馬の智用ふべし。」と。乃ち④老馬を放ちて之に随ひ、遂に道を得たり。

＊管仲・隰朋＝それぞれ中国の春秋時代の政治家。
＊桓公＝斉の国の君王。　＊孤竹＝国名の一つ。　＊迷惑＝迷うこと。

重要
(1) ——線部①「嘆き寄れば」の主語として最も適切なものを次から選び、記号で答えなさい。(8点)

ア 知る人　イ 農夫　ウ 小さき者　エ 作者

(2) 【I】中の俳句について述べた文として最も適切なものを次から選び、記号で答えなさい。(8点)

ア「かさね」が花の名だと知った喜びを表している。

イ 少女の名の優美さに新鮮な感動を覚えて詠んでいる。

ウ 八重撫子という花の美しさをたたえた俳句である。

エ 少女の親切な心づかいに対する感動を表そうとした。

記述式
(3) ——線部②「価を鞍壺に結び付けて」とあるが、ここでの「価」とは具体的に何を表しているか。十字以内で答えなさい。(10点)

(4) ——線部③「老馬の智用ふべし」は、【I】ではどの部分にあたるか。二十字以内で探し、はじめの三字を抜き出しなさい。(6点)

重要
(5) ——線部④「老馬を放ちて之に随ひ」は、次の漢文を書き下し文にしたものである。書き下し文の読み方になるように返り点をつけなさい。(6点)

放老馬而随之

(6) 次は、【I】と【II】の文章を読み比べた鑑賞文である。内容が正しくなるように、A～Cに入る言葉を、あとの指示にしたがって答えなさい。(6点×3—18点)

【I】にみられる、馬を貸してくれた人の心づかいや、その馬を追う子どもたちを見守る作者のまなざし。そこには馬を通して人の「A」に触れ、心通わせた喜びがある。【II】は、「B」という漢字からわかるように戦を背景にしており【I】と対照的だが、馬のCに助けられるという共通点がある。

・A・Bには、適切な漢字一字をそれぞれ文中から抜き出しなさい。

・Cには、適切な言葉を二字以上四字以内で答えること。

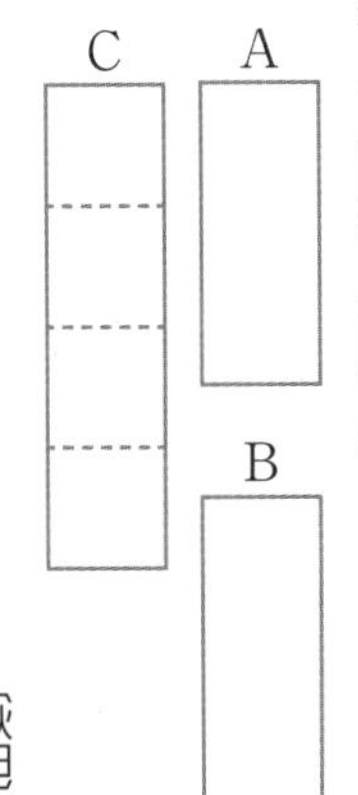

〔秋田〕

高校入試 総仕上げテスト❶

解答▼別冊28ページ

時間 60分　合格点 80点　得点 点

【 月 日】

❶ 次の文章を読んで、あとの問いに答えなさい。

〔白瀬矗を隊長とする探検隊は、南極大陸上陸を目指し犬橇二台の編成で氷原を進んだが、吹雪の中で後隊の橇が前隊の橇を見失い、はぐれてしまうという事態に陥った。後隊の橇には三井所部長と山川隊員が乗っていた。〕

「どうした」

「雪で何も見えなくなる時があるんです。それでも犬は嗅覚で走るものですが、この寒さと強風で鼻が凍りついて鈍ったんでしょう。このまま走るのは危険ですから、見えるようになるまで待つしかありません」

いいながら山川は、冷静に冷静にと自分にいい聞かせた。勘を働かせたつもりであらぬ方向に迷走したら、現状を回復することさえ困難になり、取り返しのつかないことになる。迷うより停滞していたほうがましなのである。こちらの橇にはコンパスがない。コンパスを持っているのは、武田部長と隊長だった。＊天幕はあっても、支柱がない。食糧と石油はあるが、コンロはない。二台の橇を合わせてこそ、やっと一通りの機能があるのだ。

「橇の跡がいよいよ不明ならば、ここに一日でも二日でも露営をして、天候の回復を待つのが得策かもしれんな」

「前隊には食糧がありません」

「寝袋はどっちだ」

「こっちです」

「そんなことといってもはじまらんな。①なんとしてでも二台が一緒にならねばならんのだ」

三井所部長が山川にというより自分自身を説得するようにこういった時、ただ白い視界の中に、犬達を結んでいる綱の線が微かに見えてきた。これならなんとか歩くことはできそうだ。

「じっとしていてくれ。手掛かりが何かあるかもしれん」

三井所部長は橇から跳び降りると、赤い毛布を頭からかぶり、吹雪のため視界が遮られる眼鏡をはずしてゆっくりと歩きはじめた。部長は自分自身を見失わないようにするため、橇を中心に右側に半円を描いていった。山川は視線を集中させて赤い色を見失わないようにする。やがて部長は叫びはじめた。時どき裏返るその声に、必死の気持ちが感じられた。

「おーい、おーい」

部長は前隊を呼んでいるのがわかっていたが、山川は橇と犬とを結ぶ綱を引いた。雪にしか見えなかったところから、鼻だけを出していた犬達がぞろぞろと身を起こす。山川は部長の声のほうに橇を動かしていった。＊氷骨がいたるところにあるので、よほど気をつけなければならなかった。部長が懸命に呼びかけている方向からはなんの反応もなく、荒々しい吹雪の音が聞こえるばかりである。山川が橇から降りて近づいていくと、部長は一つの氷骨を指さした。

「この傷は明らかに橇が乗り上げた時にできたものだ。ここを通ったことは間違いない」

風が強いので、氷骨の突起の部分には雪が積もらないのであった。雪でほとんど白くなった赤い毛布の下で、部長はいった。

「俺の後をついてこい。手掛かりがあるかもしれん」

ゆっくりと歩きはじめた部長の後を、山川は犬を抑えつつ追った。②時に白がすべてを塗り潰して支配下に置きそうになるが、部長の後ろ姿はかろうじて失われない。部長が伸び上がるようにして両手で山川を招いた。山川は氷骨を避けつつ、橇を部長に横づけする。

「確かな証拠だ。これを追っていけば間違いない」

自信に満ちてこういい、部長は橇に乗ってきた。前隊の犬は相当数凍傷にかかっているとみえ、雪の上に血痕が残っていたのである。糞尿なども落ちていた。③においがはっきり残っているので、犬達も自信を持って走りだした。


（立松和平「南極にいった男」）

＊天幕＝雨露をしのぐために野天に張りおおう幕、テント。
＊氷骨＝大きな氷の塊で、強風に削られた先端は鋭くとがる。

(1) 複数の生き物が動く様子を表した擬態語を文中から抜き出しなさい。（4点）

□

(2) ——線部①「なんとしてでも……ならんのだ」とあるが、その理由を二人の様子や会話を踏まえて次のように説明するとき、□に入る言葉を二十字以内で答えなさい。（10点）

二台の橇が一緒になってこそ、□ことや、コンパスで方位を確認することが可能となり、南極大陸上陸を目指す探検を続行できるから。

(3) ——線部②の「時に……失われない」について述べた次の文のA〜Cに入る言葉を、文中からA・Cは二字で、Bは六字で抜き出しなさい。（4点×3—12点）

擬人法を用いて描かれたAの脅威の中、Bで活路を見いだそうとする三井所部長の様子を、山川隊員のCを通して描いている。

A □　B □　C □

(4) 文中に頻出する——線部「氷骨」によって後隊が受けた損失と利益を、解答欄に合う形で三十字以内で答えなさい。（14点）

氷骨によって □ ということ。

(5) ——線部③「においが……走りだした」とあるが、このような犬の習性を簡潔に表した表現を、文中から十字以内で抜き出しなさい。（10点）

□

〔秋田〕

❷ 次の文章を読んで、あとの問いに答えなさい。

二十年ほど前になるだろうか、ある*シンポジウムで、日本のデザイン界の*重鎮ともいうべき方と同席した。彼は、①デザインとは「表面を変える」ことだと、きわめて明快に言い放った。目の前のマイクをさして、「これを*ラッカーで黄色に塗るでしょう、するとマイクはまったく別の存在になってしまいます。」と。

デザインのこの定義にはうなった。ファッションデザインなんかを考えるともっと分かりやすいかもしれないが、モノの、あるいはひとの、表面を変えることで、それに接するひとの気分が変わり、取り扱いが変わる。つまり、関係がごろっと変わってしまうのである。

現代を代表するデザイナーのひとり、深澤直人さんもまた、デザインとは「サーフェスの変形」だと言う。サーフェスとはやはり「表面」ということだが、このときにはじぶん以外のものとの接点、もしくはそれにふれたときの感触という*ニュアンスがより強い。サーフェスを変えることで、ひとのふるまいが変わる。何かをしたくなる、何かをさぐりにゆく、身体がむずむずする……。

その深澤さんは、ある著作のなかでとても大切なことを言っている。建築から番組制作まで、おざなりなデザインというのは、どこかひとを軽くあしらったところがある。「『こんなものでいい』と思いながら作られたものは、それを手にする人の存在を否定する。」というのである。

そして、深澤さんはこう続ける。人間は「あなたは大切な存在で、生きている価値がある」というメッセージをいつも探し求めている生きものだ。だから、「これは大事に使わなければならない」と思わせるもの、あるいは逆に、「手に取った瞬間にモノを通じて自分が大事にされていることが感じられる」もの、それがよいデザインだというのである。

いろいろ思い当たるふしがある。わたしが通った小学校は、明治のはじめに造られた古い学校である。何度か改築されたのだろうが、わたしたちの教室があった本館は当時のままである。通っているときには気づかなかったが、先日四十年ぶりに訪れて、おどろいた。段差の小さい階段は*大理石、手すりは彫りをほどこした木製の柔らかい手ざわりのものだった。子どもたちは無意識に、おとなたちがじぶんたちを大事に思っていることを、校舎をかけずり回りながら、肌で感じていたにちがいない。

歩いていていい街だなあと感じるときにも、同じような思いに浸される。掃除が行きとどいていることもあろうが、それも含めて、住民がじぶんたちの住む場所を大切に思っているらしいことが、そこかしこで感じられる街は、どこか風格がある。

人間についてもきっと、同じことが言えるのだろう。もうどうでもいいと、じぶんの身体を傷つけたり、自暴自棄になったりするのは、じぶんのことを大切に思えないような状態のなかにいるということだ。じぶんを大事に思う気持ち、これは昔から「自尊心」と呼ばれてきたが、「自尊心」もまた、他人に大事にされてきた、ていねいに扱われているという体験を折り重ねるなかで、じぶんはそれほど□なのだと知らされるところからしか生まれてこない。

たしかにいまの子どもはたっぷりと玩具を与えられる。ぬいぐるみ、積み木、子ども用のカラオケ、ゲーム機。合成繊維、ビニール、プラスチック、そして電子の声……。ほとんどの玩具が、深澤さん流の言い方をすると、「こんなものでいいでしょ。」という感覚で作られている。はたして、ここからはどんな「自尊心」が生まれるのだろうか。

心理学者の霜山徳爾さんがある料理人の言葉として紹介しているのに、こんなのがある。②「ものの味わいのわかる人は人情もわかるのではないかと思いやす」。じぶんのために働いてくれているひとへの思いがないと、味は分からないというのである。じぶんのために何かをしてもらっている、じぶんがていねいに、そして大事に扱われている、そういう体験こそが、いつか「自立」のための、栄養たっぷりの腐葉土になるのだと思う。

（鷲田清一「噛みきれない想い」）

＊シンポジウム＝集団で行う討論会の形式の一つ。
＊重鎮＝ある分野で重要な位置をしめる人物。
＊ラッカー＝乾きが速く、耐水性に優れた塗料。
＊ニュアンス＝語句や表現などの微妙な意味合い。
＊大理石＝建築・彫刻で用いる白く美しい石。

(1) ――線部①「デザインとは『表面を変える』ことだ」とあるが、この言葉から、デザインによってどのような変化が生じると筆者は理解したのか、説明しなさい。（12点）

(2) □に入る言葉を、深澤さんの言葉から五字で抜き出しなさい。（10点）

(3) ――線部②「ものの味わいの……思いやす」とあるが、この言葉を引用して筆者が述べたいことは何か。最も適切なものを次から選び、記号で答えなさい。（10点）

ア ひとを大切に思う気持ちよりも、ものの味わいを理解する心を持つことのほうが、自立するうえで重要であるということ。

イ ひとを大切に思う気持ちよりも、じぶんを大切に思う気持ちを持つことのほうが、自立するうえで重要だということ。

ウ じぶんを大切に思うだけでなく、じぶんを大切にしてくれるひとへの思いを持つことが、自立するうえで重要だということ。

エ じぶんを大切に思うだけでなく、じぶんには生きる価値があるという思いを持つことが、自立するうえで重要だということ。

(4) 「よいデザイン」と「自尊心」のかかわりについて、筆者が考えていることを、六十字以上八十字以内で説明しなさい。（18点）

〔群馬〕

解答▼別冊29ページ

時間 60分　合格点 80点　得点　　点　【　月　日】

❶ 次の文章を読んで、あとの問いに答えなさい。

和歌は日本人の心を表す。和歌について、しばしばそのように説明される。しかし、本当にそうなのだろうか。私自身、和歌に表現されている「心」に、その通りだと共感した経験が、どれほどあったろう。①落花を哀惜するのはまだしもなのである。ホトトギスの声が聞けて嬉しいとか、恋しい人に逢えたら死んでもいいとか、そうした歌にどれだけリアリティを感じてきただろうか。あらためてそう自分に問いかけてみると、かなり自信がなくなってくる。私たち今の日本人が、伝統を見失ってしまったからだろうか。いや、必ずしもそうではない。鎌倉時代にも室町時代にも江戸時代にも、和歌の「心」は通常の、現実的な心とは違うものだという思いを、さまざまな歌人が吐露している。昔の人にとっても、和歌で表現される「心」は、ときに縁遠くも感じられる、別次元のものであったのだ。だったら、平安時代の人間だって、和歌の心と現実の心は違っていてもおかしくない。その②両者の距離を、演技という視点でつなげてみたいのである。

例を挙げよう。『古今和歌集』（以下『古今集』。他の歌集も同様の省略形を用いる）の冒頭に置かれている歌は、次のようなものだ。

③年の内に春は来にけり　一年を去年とやいはむ今年とやいはむ

（古今集・春上・一・在原元方）

『古今集』といえば、九〇五年に成立した最初の勅撰和歌集で、後世までもっとも大きな影響を与え続けた、和歌のバイブルと称してもよい歌集である。その一番初めの歌が、これである。二十四節気でいう立春の日と、暦日でいう正月一日が食い違い、まだ十二月だというのに、立春が来てしまった。それで去年だか今年だかわからなくなった、というのだが、ちょっと言い方が大げさすぎやしないか。「……とやいはむ」と繰り返している所も、くどい感じがする。

明治時代になって短歌革新運動を推進した正岡子規は、この歌を「しやれにもならぬつまらぬ歌」（『歌よみに与ふる書』）と罵倒した。自分の新しさを強調するために、伝統的な和歌を否定したいという、彼なりの思惑があっての発言だったのだろうし、また、平安時代の人々の、四季の運行や暦に対する鋭敏な感覚を考慮に入れないものにすぎない。そう頭で理解はしてみるものの、心の片隅には、長く子規の言うことにうなずいている自分がいた。なるほど、そういう面は、たしかにあるよな、と。

この歌は、春が来た喜びを表現している、と説明されるのが普通である。だが、春が喜ばしいならもっとはっきり伝わるように言えばいい、何もこんな持って回った喜び方をしなくてもよいだろう、とまぜ返したくなってくる。おそらく、歌われた内容を、歌っている作者の感情そのものだ、と思うところに行き違いが生まれるのだろう。ではいっそ、和歌に表現された心情は、現実の人の心情とイコールではない、と考えてみたらどうなるだろうか。和歌は人の心を表現するものではない、と言い切るところから始めてみるのである。

では、一首の中に表現されているかに見える「心」は何か。演じられている役どころと見なすのだ。年内に春がやってきた喜びを表現せよ、と求められた作者在原元方は、去りゆく年に「去年と呼ぶべきでしょうかな」とうやうやしく挨拶(あいさつ)し、次いで来る年を「今年と呼ぶべきでしょうかな」と歓待(かんたい)する身ぶりで招き寄せた。例えばそのように、一差し舞(ま)いを舞ってみせ、それをもって春を歓迎(かんげい)する芸としたのだ、とは見られないか。いわば新年をことほぐ、門(かど)づけ*の芸である。もちろん現実に芸能とともに歌われた歌だというわけではない。身体的な所作をほうふつとさせ、そういう想像とともに味わうとき真価を発揮する表現なのだ、と考えてみたいのである。言葉でする演技、といえばよいだろうか。『古今集』時代の人々は、④元方の芸達者ぶりに感心しながら、拍手喝采(はくしゅかっさい)したのではないだろうか。

（渡部泰明(わたなべやすあき)「和歌とは何か」）

＊新年をことほぐ、門づけ＝新年を祝福して、人の家の門口で芸能を演じて金品をもらい受けること。また、その人。

(1) ――線部①「落花を哀惜するのはまだしもなのである」とあるが、「落花を哀惜する」和歌として最も適切なものを次から選び、記号で答えなさい。(8点)

ア 花の色は　うつりにけりな　いたづらに　わが身世にふる　ながめせし間に　小野小町(おののこまち)

イ ひさかたの　光のどけき　春の日に　しづ心なく　花の散るらむ　紀友則(きのとものり)

ウ 人はいさ　心も知らず　ふるさとは　花ぞ昔の　香ににほひける　紀貫之(きのつらゆき)

エ もろともに　あはれと思へ　山桜　花よりほかに　知る人もなし　前大僧正行尊(さきのだいそうじょうぎょうそん)

(2) ――線部②「両者」とは、何か。文中の表現を用いて二十字程度で説明しなさい。(26点)

(3) ――線部③「年の内に春は来にけり」の現代語訳を、文中から抜き出しなさい。(10点)

(4) ――線部④「元方の……ないだろうか」とあるが、「元方の芸達者ぶり」は、どういうところにあるのか。五十字以内で説明しなさい。(26点)

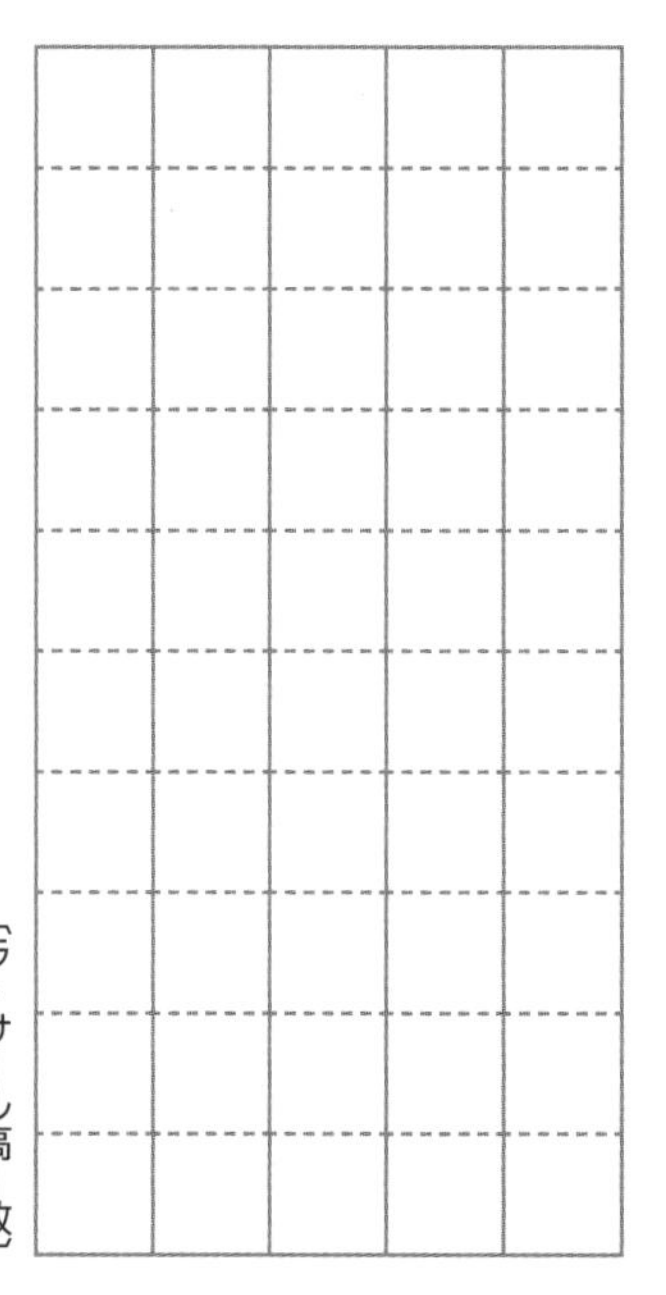

〔ラ・サール高―改〕

2 次の会話は、中学生の海原さんが町内の図書館で職場体験学習をしたときのものである。その会話を聞いていた司書の山里さんが、海原さんにアドバイスしている。[A]には適切な一文を、[B]・[C]には適切な言葉を、それぞれ自分で考えて答えなさい。（10点×3—30点）

〈会　話〉

海　原「何か本をお探しですか。」
利用者「『鳥取県』について調べているのですが、何かいい本がありませんか。」
海　原「はい。すぐ調べますので、しばらくお待ちください。」
海　原「お待たせしました。こちらが『鳥取県』に関する本のリストになります。」
利用者「ありがとう。とてもたくさんありますね。……では、この二冊をまず見てみたいのですが。」
海　原「分かりました。すぐにお持ちします。こちらの閲覧室でご覧になられますか。」
利用者「はい、そうします。あの、ほかにも本を借りているのですが、あと何冊借りることができますか。」
海　原「申し訳ありません。ここでは分からないので、入り口のカウンターで伺ってください。よろしくお願いします。」

〈山里さんのアドバイス〉

とてもすばらしい応対でしたね。ただ、何点か気づいたことがあるので、話しておきます。まず、一つ目は『鳥取県』についていってもたくさんの本があるので、利用者に「[A]」と質問していたなら、もっと本がしぼれたでしょうね。二つ目は言葉の使い方です。「本のリストになります」と言って渡していましたが、「リストになる」は、何かがリストに変わるわけではないので、「本のリスト[B]」でよかったと思いますよ。三つ目は敬語についてです。「ご覧になられますか」と「伺ってください」は、それぞれ「ご覧になりますか」と「[C]」のまちがいですね。どちらもよくまちがえて使われますから、気をつけてください。

〔鳥取〕

A	B	C

ひっぱると，はずして使えます。

標準問題集

中学 国語読解

解答編

解答編

中学 標準問題集 国語読解

第1章 小説を読む

1 心情を読み取る

Step 1 解答 2～3ページ

1
(1) エ
(2) ウ
(3) 例 父の老いに悲哀を感じて心を開き、店を継ぐ意志を思い切って伝えたが、予想外の父の返事に驚いたから。(48字)

解説

1 (1) あとの会話に「俺、本当は、……」とあり、告白が始まることがわかる。また、「結局は最後まで言えず……ため息に変えて、力なく吐き出した」「所詮は、フリーターみたいなもんだし……」とあることから、「僕」が思うような仕事ができていないことがわかる。

(2) 「僕の心臓」は「僕」の心情を投影している。あとにある「みたいな気分」から直喩であるとわかるので、比喩を表す陳述（呼応）の副詞を選ぶ。

(3) はじめに、父の手を「老人の」手だと思ったとき、「ずっと長いあいだ心を締め付けていた紐が、ふいに解かれたような解放感を味わっ」て、「僕」は告白をはじめる。そのとき父は穏やかな目で話を聞き、優しい微笑を浮かべた。——線部②の四行前「ところが」や一行前の、「僕」の「え?」という反応が、父の予想外の返事に対する驚きを表している。これらを心情の変化に即して説明しよう。

ここに注意

(1) アは「父がやけをおこすかもしれない」が本文から読み取れない点、イは料理人として修業中という点で不適切。文中に、父が店をやめるかもしれないとは書かれていないからウも不適切。

(2) アの「かなり」は程度を表し、この文脈には合わない。イの「むしろ」は比較して選択する場合に使うが、ここでは、「僕」は父の言葉を待っている状況なので、不適切。

Step 2 解答 4～5ページ

1
(1) イ
(2) 例 廉太郎と同世代の途轍もないバイオリニストの存在がもたらす不安が頭をよぎったから。(40字)
(3) ウ

解説

1 (1) 直後で「延」が「的確に体を動かし……身体操作」こそが楽器を演奏するのに「一番必要」だと発言している。それを聞いた「廉太郎」の「まさか……思わなかった」という心情から、それは「廉太郎」がこれまでに考えてもみなかったことだったと読み取れるので、**イ**が適切。**ア**は「楽曲の世界に入り込んでいたため」が読み取れない。**ウ**は「延の言葉はあまりに当たり前」が本文とは逆の内容。**エ**は「指の動きに気を配って演奏した」が読み取れない。

(2) ——線部②は「延」に「バイオリンは避けたほうがいい」と言われた「廉太郎」が「なぜ、ですか」と質問した際の「延」の表情である。それは「教師としての仮面が剥がれ、年齢相応の女性の素顔」である。その後、「延」は「廉太郎」に「君の同世代に途轍もないバイオリニストがいるが、あの子に巻き込まれてしまっては、君の芽が潰れかねないと思って」と答えている。これは「廉太郎」を思いやった教師としての発言だが、「自身がバイオリンを専攻している」ため、「あの子に巻き込まれてしま」うことは「延」にとっても不安の種なのである。つまり、「暗い顔」の理由は、「廉太郎」へ返事をしようとした際、自分が「あの子」にもたらされた不安が頭をよぎったためと言える。

(3) ——線部③は「廉太郎」を「有望な人材」と認めた「延」が「君は、音楽は好きか。人生のすべてを懸けることができるほど」と問いかけたあと、返事ができない「廉太郎」を見咎めたときの表情である。その後、「延」が「廉太郎」を「致し方あるまい」となだめつつ、「人生すべてを音楽に懸けられると考えるのなら」個人レッスンをしようと提案して、彼の覚悟を促そうとしている。よって、「覚悟の定まっていない廉太郎をもどかしく思っている」とあるウが適切。ほかは「危ぶんでいる」「ふがいなく思い」「学生にすぎない」など「廉太郎」のことを認めていないので不適切。

2 表情を読み解く

Step 1 解答 6～7ページ

1 (1) 劇場の裏手にある防空壕の跡（13字）
(2) 自分の熱中を小バカにされた思い（がしたから。）
(3) イ
(4) 例子犬を捨てる実感がわき、悲しむ気持ち。（19字）

解説

1 (1) 勘平が舞台の稽古をしている場所であり、銀平が子犬をこっそり飼っていた場所を指す。
(2) 自分が必死で稽古しているのをバカにされたように感じたのが、「怒りが沸い」た理由である。飽きっぽい銀平の性格もおさえておこう。
(3) 直前の「人間一人さえ食うにこと欠いた記憶がなまなましくある」の部分を受けている。旅廻りの生活の不安定さを読み取ること。
(4) 子犬の無垢な目を見ると、子犬を捨てなくてはならない悲しさが改めてこみあげてきたのである。

ここに注意

(1) 指示語の指す内容を指示語のある部分に入れ、意味が通じるか確認する。直前の「稽古場」を入れると意味は通じない。
(4) 胸を刺しつらぬく感情が「涙」となった。どのような感情かを、子犬を捨てることと関連づけて答えよう。

Step 2 解答 8～9ページ

1 (1) 例ひとりで来ている自分に対して、律子があてつけのように、「たっくんと来てる」とメールしてきたこと。
(2) 例浩美が怒っていることに困惑し、探り探り答えているから。
(3) 友達じゃない
(4) 例律子が浩美のオーディションの結果などはきくが、浩美自身のことを知ろうとしないから。

解説

1 (1) 浩美が「ムカついてた」理由なので、あとの「ムカついちゃってさ」と浩美が発言している部分に注目する。浩美は花火大会に「ひとりで来て」いたので、たっくんと一緒に来ていた律子の「お互いに楽しもう」という言葉で、浩美は律子の無理解に傷ついたのである。
(2) 律子の答えが「しどろもどろ」になったのは、直前で「浩美の声が急にきつくな」ったためである。この時点での律子は、浩美が花火大会で「誰かと待ち合わせ」していたと思っていて、実際は待ち合わせする友達はいなかったということをまだ知らないので、浩美が怒った理由がわからずとまどっている。
(3) 直前に「だから」とあるので、これまで話したことを理由に、浩美が律子のことを今どう思っているかがあてはまる。浩美に友達がいないということを知らなかった律子が送ったメールを読んで、浩美は「ムカつい」た気持ちになり、「あんなこと」すなわち「（律子は私の）友達じゃない」と言ってしまったのである。
(4) 直後の「要するに」に注目し、そのあとの内容をまとめる。

ここに注意

(2) 「しどろもどろ」は、話の内容や話し方が酷く乱れた様子。
(4) この問題は、(1)で問われた、浩美が不愉快に思った具体的な出来事について、それが起こった根本的な原因を問うものである。本文の終盤で、浩美は律子に「友達になってください」と頭を下げており、自分に興味を持ってくれる友達がほしいという浩美の本心が、この文章の主題であるといえる。

3 主題をつかむ

Step 1 解答 10～11ページ

1 (1) 脱衣所の壁

(2) イ

(3) 例怒りっぽく、怖い人だと思っていたが、毎日努力をする尊敬できる人であり、小さな男の子が笑うように笑う、愛きょうのある楽しい面も持っている人。(69字)

解説

1 (1)風呂掃除の場面から食事の場面に切り替わるのはどこかを読み取ろう。第三段落で「掃除がすっかり終わ」っており、第四段落はじめの「脱衣所の壁にかけられた時計を見」たタイミングで、木島さんから「飯にするか」と言われている。そして以降食事のシーンが展開されている。一般的な昼食の時間である「十二時」に近いことを表す描写が食事の場面の暗示となっている。

(2)木島さんをどのような人物だと思っているのかを木島さんの姿が見えなくなったときの二人の様子などから考えよう。

(3)「わたし」が食事の場面で極度に緊張している理由を読み取ろう。「またおでこのしわをひきつらせて……」とあることから、日頃、木島さんをどう見ていたかがわかる。また、第三段落の「木島さんの…尊敬しちゃうなぁ」と最後の段落で、「わたし」は木島さんの新たな一面を発見していることがわかる。

ここに注意

(1)「わたし」の動作である。「わたしたち」ではないことに注意。

(2)アの「がっかり」は期待外れの場合であるが、期待外れのことは起きていない。ウは、木島さんがいないときの張り切りぶりから不適切。エは、もともと木島さんに対して持っていた「わたし」と実くんの印象と照らし合わせると、不適切だとわかる。

(3)場面ごとに、「わたし」の木島さんに対する気持ちは変化している。それらと、もともとの印象とを制限字数内でまとめるには、簡潔にポイントをおさえることが大切。

Step 2 解答 12～13ページ

1 (1) 例丁寧にしか仕事のできない自分の性分(17字)

(2) A 例木が自分と同じ七歳で死んだ(13字)

B 例動揺し(3字)

(3) ウ

解説

1 (1)「大人びた微笑」の直前に、「……ような」という、微笑の意味を説明する内容が書かれていることに着目する。「このようにしか仕事のできない」とは、適当でいいと言われても、「一本ずつ丁寧に枝を幹からそぎ落として」いくようにしか仕事のできない、ということ。こうした性分に対し真一自身が照れていることを、この文章の語り手である父親は、「大人」っぽいと思ったのである。

(2)健二は「おどけた表情をつくろう」としてできなかったのである。それは、直前の「おれとおなじ年で死んだ」と言っているように、木が自分と同じ七歳で死んだという「事実」にショックを受けると同時に、それを自分の中でうまく受け入れられないでいるからだ。Bは解答例の「動揺し」のほか、**「ショックを受け」**や**「とまどって」**などでもよい。

(3)木が七歳で死んだという事実を知った健二の様子が後半もずっと描かれていることから、そのことがこの場面での主題であることがわかる。そして、動揺した健二に、そっけなく答えながらも「木のお墓を作ってやれば」とアドバイスする兄や、お墓をつくろうとする健二に、声をかけ優しく笑いかける母親の姿を、父親が自分の感情を交えずに、**客観的な目**で描いている。

ここに注意

(1)人物の表情から心情や人物像をとらえることができる。

(2)人物の様子から、心情の変化をつかもう。

(3)主題は、人物の心情の変化や行動から見つけ出すことができる。

Step 3 解答 14～17ページ

1 (1) イ

(2) ウ

(3) Aカ　Bウ　Cイ　Dオ

(4) 末永にいた

(5) 例武藤が浅井先生か中田さんと話し

てコート整備の問題を解決したと期待したこと。(37字)

(6) イ

1 解説

(1)テニスの対抗戦において太二をはじめとする一年生たちが負けてしまったのは、そのときの心情が原因であったということが、すべての選択肢に共通している。――線部①の直前に、「誰が相手であれ、きのうからのモヤモヤを吹き払うためにも、ぼくはどうしても勝ちたかった」と太二の心情が描かれている。

(2)――線部②の直後の段落に太二の心情が描かれている。

(3)A「とても」は「とても……ない」のように後に否定の言葉を伴う場合「どんなにしても」「とうてい」という意味になる。B「たとえ」は「たとえ……ても」となる場合「もし……だとしても」という意味になる。C「おかげ」はある人物や物事がもたらす結果や影響のことで、良いことにも悪いことにも使われる。D「一年生部員二十三人」で「悪だくみ」をしたことは重大なことであり、顧問の先生に知られたら大事になるだろうと太二は予想している。

(4)不安から力んでしまっている末永の表情が描かれている部分(――線部④のあとの段落)に注目する。

(5)ここでの「甘さ」とは、自分の考えが不十分であったことを意味している。太二は「悪だくみ」の一件に頭を悩ませるあまり、武藤の「気弱げな笑顔」から「もしかすると……うちあけたのではないか」と思い込んでしまい、問題解決の糸口がつかめないままテニスコートに来てしまった自分に怒りを覚えたのだと読み取れる。

(6)――線部⑤の後の久保の言動に注目する。武藤に「グーパーはもうやめよう」と言い、太二と共にコート整備をしている。

ここに注意

(1)アの「心配」、ウの「憤り」、エの「恐れ」はすべて文中からは読み取れないので不適切。

(2)アの「二年生にいつもより簡単に負けたことの原因が、昨日の悪だくみにある」こと、イの「悪だくみのせいで、あまりにも簡単に二年生に負けた」ことは、明確には読み取れない。「負けた原因」は、「悪だくみ」自体ではない。(1)で触れたように、「悪だくみ」によって「わだかまりを感じているために、勝ちたい気もちがよけいな力みにな」ったことが直接の原因である。エは「今後どうすればよいか探るため」が不適切。太二は「足を止めて……キャプテンに頼もう」としていた。

(3)エ「おのずと」は「自然に」という意味で、「だろう」を伴って使われることが多いので、Dにあてはまりそうに思えるが、「怒られる」ことは顧問の浅井先生に判断されることであり、意味が通じないため不適切。

(4)「青ざめ」た顔は「みんな」の表情なので、末永の様子が具体的に言い表されているものとしては不適切。

(5)誰が、誰に、何をうちあけたのかを、四十字以内でしっかりと書くことが求められる。

(6)久保の武藤への提案は「グーパーはもうやめよう」というはっきりとしたものであり、アの「『ぼく』が孤立しないように」、ウの「『ぼく』を気の毒に思った」では動機として不十分である。エの「ルールをやむを得ないと考えていた」は読み取れず、続く提案と真逆の内容であり不適切である。

第2章 随筆を読む

4 事実と感想を読み分ける

Step 1 解答 18～19ページ

1 (1)無理をして

(2)「開」のボ～をかけたい

(3)例筆者たちに帰るきっかけを与える(ため。)(15字)

1 解説

(1)この文章では、事実と感想が混在している。入院して二、三日の様子がはじめの二段落で述べられており、第二段落の最後の一文が「私」の感想であることを見抜く。

(2)「私」の「辛い」気持ちは末尾の一文に表されている。もう一度声をかけて母の気持ちを和らげたいと思うほど辛く思ったのである。

(3)母は、「私」たちがそろそろ帰らなければならないこと、それを言い出しにくくてためらっていることを察している。「さあ、お母さんも横にならなくちゃ」という言葉は、母が「私」たちを早く帰らせるためだということが「私」にもわかっている。母と子の気持ちが、**言葉を超えたところで伝わっている場面**である。

ここに注意

(1)問題文に「筆者は受けとめているか」とあるように、ここでは筆者が母親の心情をどうとらえているかに注意。

(3)直前の「私」の行動「腕時計に目を走らせ、……ためらっている」から、「私」の心情をくみとり「先手を打つ」母の心づかいを読み取ろう。

Step2　解答　20〜21ページ

1
(1) ですから私
(2) ウ
(3) ア
(4) ウ
(5) 例幼いときのワクワクした気持ちがよみがえり、父や日本語に感謝したくなる気持ち。

解説

1 (1)設問文に「どう認識してきたか」とあるので、「認識」にあたる部分を本文から探すと、あとに「情報を得てきました」とある。よって、この一文のはじめの五字「ですから私」が解答となる。

(2)――線部②の前に「『オノマトペ』には窮屈なルールはなく、感じたままの表現を許してくれます」、――線部に「とっても自由なものです」とあり、前の「表現を許す」という内容を「自由」と言い換えているので**ウ**「つまり」が適切。

(3)本文の末尾に「……気づかせてくれたのです」とあるので、――線部③のあとからそこまでの内容に注目する。「言葉というのはぴったりのリズムや響きがあれば伝わるものだ」とある**ア**が適切。**イ**は「弾むような言葉遣い」が「自分にもできる」とは読み取れない。**ウ**は「まずは意味を捉えることが重要」が本文とは逆の内容。**エ**は「意味は必要ない」とまでは述べられていない。

(4)筆者の主張は末尾にあり、その部分が結論なので、「結論から話し始め」ていない。

(5)父が語った「オノマトペ」とは「どんぶらこっこーう　すっこっこーう」のこと。これを筆者が口にしたことは第三段落に述べられている。「幼いときのワクワクした気持ちがよみがえっ」たことだけでなく、あとの「父へ向けて、また……日本語に、『ありがとう。』といいたくなります」の部分も合わせてまとめる。

ここに注意

(4)適切でないもの、という指示を見落とすことが多いので、注意すること。

5　表現の特徴を味わう

Step1　解答　22〜23ページ

1
(1) 例できるだけ技巧を凝らさずに歌を作ること。
(2) ウ

解説

1 (1)「塩をかけただけで食卓に出す」ということは、歌を作るときのことをたとえている。傍線部の4行前「さまざまな技巧は……ソースであり、スパイス」とたとえられているので、それらを使わずに歌を作るという意味になる。

(2)全体にわたり、和歌の特徴が料理にたとえられていることをおさえる。

ここに注意

(1)塩をかけただけでおいしいもの＝『万葉集』の和歌、ドレッシングやスパイスを用いたもの＝後の時代の和歌、という関係を読み間違えないこと。

Step2　解答　24〜25ページ

1
(1) ぽかん
(2) ウ
(3) a散歩に出してある（8字）
b勝手におりを出てきた（10字）
c冷静（2字）
(4) 例手をつなぐ（5字）

(5) 長年の飼育

解説

1 (1)直後に「信じられない」という表現があるので、そうした場合の**あっけにとられた様子**を説明する言葉を探す。2段落の「もはやぽかんではない。」が見つかれば、これが1段落と対応した表現であることがわかる。

(2)一文目を除く1段落と、2段落では短い文が多い。重大な事件が起こっていることを**緊迫感を持って再現する効果**を与えている。

(3)aについて、説明している文の「勘違い」という言葉は、本文の「錯覚」という言葉に対応している。「錯覚」とは、本当は勝手におりを出てきたゴリラを、散歩に出してあるゴリラだと思った、ということである。bは「逃げた」でも文意は通じるが、字数制限であてはまらない。cは客の様子であるから、「冷静」。飼育係は「戦慄」し、「夢中だった」のである。

(4)**心が通い合っていることを表す行為**が何であるかを考えながら5～7段落を読めばよい。「手をつないで」という表現が二回登場している。

(5)**「まとめた一文」は、最初か最後の段落にあるのがほとんどである。その中で比喩表現を探せばよい。**

ここに注意

(2)表現の特徴を正確にとらえよう。

(3)説明文中の言葉と文中の言葉の対応に注意する。

(4)登場人物の行為から、心情や関係を読み取ることができる。

(5)クライマックスの部分がどこにあるかに注目しよう。

6 細部を読み取る

Step 1 解答 26～27ページ

1 (1)卵を守って逃げなかった

(2)例いたずらに驚かせたくない。(13字)

(3)ア

解説

1 (1)「ぼくは傷ついて飛べなくなっているのかと思ったけど、卵を守って逃げなかったのだね」という部分に答えがある。

(2)――線部②と逆のことをしていればどうなったか。前の段落に、「動けば、傷ついた鳥をいたずらに驚かせることになると思った」とある。つまり雛子を驚かせたくないという配慮である。

ここに注意

(1)「卵を産んで、抱いてる」は十字なので答えにならない。「雛子は……守るのに命をかけますよ」ともあるように、「守って」という部分が重要。

(2)「いたずらに」は、むだに、むやみに、の意。

(3)筆者たちは雛子を驚かせないよう気をつけて行動しているのである。

Step 2 解答 28～29ページ

1 (1)例最期まで身の回りのすべてを自分で行い、死さえ独りで迎えた点。(30字)

(2)ア

(3)ア

解説

1 (1)――線部①がある段落の内容をまとめる。筆者の父が「潔いひと」というのは、年をとっても自立して生活しており、ほかの人に迷惑をかけることがなかったことを指している。

(2)一つ目のAの前で「あれもしてあげれば……楽しみにしながら逝けたのに」と、筆者の父が死ぬ前にしてあげられなくて悔やんでいることをいくつも挙げている。

(3)**ア**の後半の「父に対する『私』の思いと通じ合うものであった」が、――線部②の後の「おそらく……と思う」と合う。**イ**は「『私』の心を和ませてくれた」が不適切。母の言葉を聞いた筆者は「こらえ続けていた涙が溢れて止まらなくなった」のである。**ウ**は「父の葬儀に無理を押して参列した母」が不適切。母は「夫のお葬式だということがわからない」状態である。**エ**は「事態が把握できない」母という部分は合っているが、「娘を思いやる母親」が不適切。筆者の母は、娘ではなく、「せっかく寝たはんねやったら、起こしたげるわけにもいかんわなあ」と父をいたわる言葉を発している。

ここに注意

(1)「最後」は「最も後であること」を意味し、広く用いられるが、「最期」は「命の終わるとき」という限定的な意味である。また「潔い」は「汚れや未練がない」という意味である。

(3)選択肢が長い場合は、本文と対応する部分ごとに線を引くなどして、内容が合っているかどうかを一つずつ確かめるとよい。

Step 3 解答　30～33ページ

1
(1)自分の
(2)子供の
(3)例代金を払おうとしているのに、無料でもてなされたかのような言葉を使っているから。(39字)
(4)イ
(5)例お客は偉いわけではないということを知ることができたから。(28字)

2
(1)ア
(2)例荷物を選別する(7字)
(3)Aひとり暮らしを始める前
B好みや必要

解説

1 (1)第六段落の「お客は偉いわけではない、と知ったのだ」に着目。その直前の一文にそう思った筆者の考えが書かれている。

(2)まず、「王様」＝「お客様」の関係に気づくこと。次の段落に、筆者が子供のころにお客様面をしていた様子が描かれている。

(3)筆者が見た「おじさん」は、食事の代金を払うのに、まるで無料でもてなされたかのように「ごちそうさま」と言った。「お客様」という感覚が身についていた筆者には、それが考えたこともなかった行為だったので、違和感を覚えたということをおさえること。

(4)「小声でぎこちなく『ごちそうさま。』」と言ったのが、筆者にとって初めての経験だったことをおさえる。

(5)「感謝」の対象である「あのおじさん」は、第一段落における意見を筆者がもつようになったきっかけの具体例となっている。

2 (1)――線部①のあとの「毎日使うものでもないし……役割になっているようにも思える」という部分に詳しく述べられている。アの「毎日使う」が矛盾しているためこれが適切。

(2)引っ越す前の家でしていた作業と、引っ越した先の実家ですることになった作業は、それぞれ第二段落に「『選別』という作業」、第六段落に「そこで選別作業をしなければ」という形で、「選別」という共通する言葉で表されている。

(3)Aは実家で「何年も放置されていたもの」を整理したことで、現在の自分と実家に住んでいた頃の自分が「大して変わっていない」と思ったという本文の内容をおさえる。Bは空欄のあとにあるCさんの読み取りに対応する部分を本文から探す。「好みや必要なものは……」から始まる文の、「そのときどきで大切に残しておきたい何かがある」が「自分が特別だと思えるものが今も昔も変わらずにそのときどきである」に、「悪くないなと思ったりもする」が「筆者は肯定的にとらえている」に対応する。

ここに注意

(1)内容が異なるもの、という指示を見落とすことが多いので、注意すること。

第3章　論説文を読む

7　事実と意見を読み分ける

Step 1 解答　34～35ページ

1
(1)夜の冷たさ
(2)エ
(3)例忘れ去られたもの、埋もれたもの、見失われたものに関心を向け、今の自分を自分たらしめているものに気づくようにすればよい。(59字)

解説

1 (1)第五段落の「これが不可欠なのだそうです」に注目すれば、直前の「夜の冷気と闇にさらされている時間」が答えだと思い当たるが、これでは一字足りないので、同じ内容が言い換えられている部分を探す。

(2)前半部分は「アサガオの研究家のこんな話を読みました。」から始まっていて、アサガオの開花には朝の光の前の、夜の冷気と闇とが不可欠であると具体的なことを述べている。後半は、そのことを踏まえて、それが人生や歴史にも言えると、発展させて意見を述べている（12行目〜）。**後半が筆者の意見であり、前半はそれをわかりやすくするための例示**となっている。

(3)**直前に「それに気づいたとき」**とあるので、**「それ」の内容を明らかにすればよい。**「それ」の内容は直前の一文「私が忘れ去られたもの……思うからです。」に示されているので、その表現を使って六十字以内にまとめる。「今の自分を自分たらしめているもの」が、「忘れ去られたもの、埋もれたもの、見失われたもの」の中にあることに気づくことによって、「私たちの生き方もより確かなものになっていく」と述べているのである。

ここに注意

(2)事実について意見を述べているのか、意見の例示として事実を挙げているのかを見分けることが大切。

(3)文脈を正確におさえ、指示語の内容を的確につかんで表現すること。

Step 2 解答 36〜37ページ

1 (1)**A エ　B ウ　C イ**

(2)**自己主張のスキルを磨かずに育つ（から。）**

(3)**その代わり〜ができる。**

(4)**強烈な自己主張によって相手を説き伏せること**

(5)**お互いの気持ちを結びつけ、良好な場の雰囲気を醸し出すこと（28字）**

解説

1 この文章は、冒頭で「日本人が自己主張が苦手なのには理由がある。そして、それはけっして悪いことではない」という筆者の主張が明確に述べられ、そのあと「では、アメリカ人は堂々と自己主張ができるのに、僕たち日本人はなぜうまく自己主張ができないのか」と問題提起し、アメリカ人と対比しながら詳細に論じている。このように、文章の構造を意識すると読解しやすい。

(1) A の前の段落は「日本人にとって、コミュニケーションの最も重要な役割は何だろう」という問題提起から始まって、それを具体的に説明していて、A のあとに「僕たち日本人にとっては、コミュニケーションの最も重要な役割は……」とあるので、前の内容をまとめるエ「つまり」が適切。B の前に「相手の意向を汲み取って動くというのは、僕たち日本人の行動原理」とあり、B のあとに「何かを頑張るとき……日本人は、だれかのためという思いがわりと大きい」とあるので、前の内容の具体例を導くウ「たとえば」が適切。C の前に「日本的な心のあり方は……批判されることがある」とあり、C のあとに「それは欧米的な価値観に染まった見方に過ぎない」とあるので、前の内容と反対の内容を導くイ「でも」が適切。

(2)——線部①の「自己主張が苦手」に注意して、あとの文から理由を探すと「自己主張が苦手なのは当然なのだ」とあり、その直前が解答となる。

(3)——線部②の「それ」は直前の「日本人が自己主張が苦手」なことを指しているので、同じ内容が述べられている部分を探すと、(2)で触れた「自己主張が苦手なのは当然なのだ」のあとに、自己主張の代わりに得意なことが説明されている。

(4)あとに「アメリカ人にとって、コミュニケーションの最も重要な役割は、相手を説得し、自分の意見を通すこと」とあるが、字数が合わないので同じ内容が述べられている部分を探すと、あとに日本人と対比されて「強烈な自己主張によって相手を説き伏せることではない」とあるので、ここから解答欄に合うよう抜き出す。

(5) A のあとに「僕たち日本人にとっては、コミュニケーションの最も重要な役割は……」と説明されている。

ここに注意

(4)ほかにも第五段落の「相手を説得して自分の意見を通すこと」なども内容としては良いが字数が合わない。

8 段落をつかむ

Step 1 解答 38～39ページ

1
(1) オ
(2) あるいは尺
(3) 第二段落…我々は月を
　 第三段落…もちろん、

解説

1 (1)直前の一文は、月を見てその美しさに「感じ入ってしまって」いることを表している。A のあとでは、「それ以上」の「新たな意識の流れというものが起こらない」と否定的なことを述べている。この二つをつなぐ接続語を考える。

(2)「創作家」について述べた段落は第六段落である。この段落のどこに戻したらよいかを、文章の展開に注意して考える。第六段落と前後の段落のつながりに問題はない。しかし、「夜空の月を……創作家ではない」と「あるいは尺取り虫の……ことである」の文のつながりは不自然である。

(3)**「話題の提示」**の段落では、創作する人は旺盛な観察意欲を持ち、**「なぜ」という疑問を持つ**ということを述べている。**「話題についての考察」**の段落では、「月」や「尺取り虫の動き」を見たときの創作家の態度について、鑑賞家と比較しながら述べている。第二段落は**具体例**を挙げながら考察しており、第三段落の**「まとめ」**では、それを受けて一般化、抽象化して意見を述べている。具体例を挙げながら考察している第二段落を見定めることがポイントとなる。それをとらえれば、三つの段落の切れ目は明らかである。

ここに注意

(2)前後の文脈から考える。キーワード、指示語、接続語をおさえることが大切。
(3)段落の大きなまとまりをおさえ、「序論・本論・結論」の文章構成をとらえること。また、対比関係を読み取り、何と比べて何を明らかにしようとしているかをつかむことも重要。

Step 2 解答 40～41ページ

1
(1) 靴を脱ぐ
(2) イ
(3) 例 西欧では物理的に区別され、日本では意識の上で区別される。(28字)
(4) 例 時によって変わる関係性の中で成立する共通の理解を持った集団や共同体。(34字)
(5) オ

解説

1 (1)「内と外とを厳しく区別するという行動様式」の「現われ」がAであるから、具体的な目に見える行動を探す。あとにある「だが日本では……外国人は当惑する」という部分をおさえる。

(2)前の部分に着目する。畳の座敷に上がるときはスリッパを脱ぐのが、普通の日本人にはあたりまえのことである。そのため、スリッパのまま畳の部屋に入ることにマイナスの感情を持つと考えられる。

(3)③段落から⑤段落の内容を正確に読み取る。③段落では、日本人がしている家の内と外、部屋の内と外の区別は、心理的なものであり、意識や価値観の問題だと述べられている。そして、④段落で西欧と日本の聖なる空間における内と外との区別のあり方が「物理的」「意識」という言葉を用いて説明されている。それを補足する具体例が⑤段落にある。

(4)⑥段落にある「共通の理解を持った集団、ないしは共同体」「ある関係性のなかで成立する」「関係性は時によって変わる」という部分が「身内」に関する説明であるから、この点をまとめればよい。

(5)段落相互の関係と文章全体の構成をあわせて考える。まず、段落相互の関係は、①段落と②段落をまとめたものが③段落になっていることをつかむ。④段落は「聖なる空間」に話題を拡大し、⑤段落はその補足になっている。⑥段落は「このように」で始まり、内と外の区別の成立原理を「身内」というキーワードで説明し、文章全体のまとめとしている。

ここに注意

(2)家の内と外とを厳しく区別するだけでなく、間仕切りの曖昧な家の中においてもスリッパを「はく―脱ぐ」の行動は厳しく区別されている。それが破られたときにどのように感じるかを考える。

(4)「身内」を説明するのに必要な要素を見つけること。
(5)段落相互の関係をつかむためには、段落冒頭の指示語や接続語に着目する。段落相互の関係をつかみながら、文章全体の構成を考えること。

9 文脈をつかむ

Step 1 解答 42～43ページ

1 (1) 予期していないこと
(2) (イ)
(3) ウ
(4) 例 意表をついてみる（8字）

解説

1 (1) 2段落の冒頭の一文「われわれは……わからなくなってしまう。」は、1段落の冒頭部を言い換えている。その一文から、九字という字数に注意して探し、抜き出すこと。
(2)脱文に「こうして」とあり、**この直前に「本音を話しやすい状況」がどのようにしてできあがるのかが書かれているはず**である。意表をつかれることによって本音を話すことを抑えつけていたブレーキが効かなくなり、本音が現れることが2段落に書かれている。
(3)創造力は相手に対する「問題意識」と何から生まれてくると筆者は言っているか。5段落に「**相手のことをよく調べておかなければならない**」とある。
(4)本音を聞き出すには、相手を混乱させて理性を失わせること、すなわち、「相手の意表をつくこと」が必要なのである。**「意表をつく」は、この文章の「キーワード」**となっている。

ここに注意
(1)同じ内容を言い換えている表現をおさえながら読んでいくこと。
(2)脱文をあてはめてみて、前後の文脈が通るかどうかを確認すること。
(3)同じことを繰り返して述べている部分に注意。
(4)字数制限がある場合は、与えられた字数の八割以上書くこと。

Step 2 解答 44～45ページ

1 (1) Aカ　Bキ　Cク　Dオ
(2) エ
(3) ウ
(4) aウ　bエ　cイ

解説

1 (1) Aの前に「言語がヒトの思考に重要な役割を持っていることは私も認めるところです」とあり、Aのあとに「言語と脳はそれほど長い付き合いではありません」とあるので、前の内容と反対の内容を導く**カ**「しかし」が適切。Bの前に「言語がどれほど新しい機能かが理解いただけるでしょう」とあり、Bのあとに「脳が誕生して現在までの5億年を一年間に短縮して、両者の時間を比較してみましょう」とあるので、前の内容の具体例を導く**キ**「たとえば」が適切。Cは Bに続く内容で、「脳に言語が生まれたのは大晦日12月31日の夜10時以降であることがわかります」とあるので、前の内容に続いてあとの内容が起こることを示す**ク**「すると」が適切。Dは Cに続く内容で、Dのあとに「脳が言語を扱うようになったのはごく最近」とあるので、前の内容をまとめる**オ**「つまり」が適切。
(2) Eの前後の「笑顔に似た表情を作るだけで愉快な気分になるという実験データ」および「笑顔という表情の出力を通じて、その行動結果に見合った心理状態を脳が生み出すのです。やはり出力が先です」に注目する。
(3)傍線部に至るまでの記述を確認すると、(2)で触れた「笑顔に似た表情を作るだけで愉快な気分になる」の例が挙げられたあと、同様に「やり始めるとやる気が出る」という例も挙げられ、行動の結果として心理状態が生み出されることが説明されている。「出力を重要視する」とは、それをまとめた表現であるので、**ウ**の「行動することで気力や感情感覚が形成される」が適切。**ア**は「試行錯誤を繰り返す」が、**イ**は「能力が隠されていた」が、**エ**は「根性や気合が育成される」が本文から読み取れないため不適切。
(4)その意味段落で筆者が主張したい内容を端的に示すような小見出しを選ぶ。a「言語」と「脳」の関係について述べている部分なので、両方のキーワードが含まれていることが手がかりとなる。b該当する意味段落の末尾に「心は脳にあるのではありません。心は身体や環境に散在するのです」とあることに注目する。c本文のまとめとも言える最終段落に「何事も始めた時点で、もう半分終わったようなもの」という言葉が紹介されている。

ここに注意

(1)言語が人の思考に重要（前置き）→しかし→言語と脳はそれほど長い付き合いではありません（筆者の主張）→たとえば→脳が誕生して現在までの5億年を一年間に短縮して、両者の時間を比較（説明のためのたとえ）→すると→脳に言語が生まれたのは大晦日12月31日の夜10時以降である（たとえからわかること）→つまり→脳が言語を扱うようになったのはごく最近（たとえで説明したかったことのまとめ）、という文脈をおさえる。特に、「筆者の主張」の内容が最後の「まとめ」で繰り返されている点に注意する。

10 指示語・接続語のとらえ方

Step 1 解答 46～47ページ

1
(1) Aウ　Bア
(2) ウ
(3) 本質において内発的なもの

解説

1 (1)それぞれの空欄の前後の内容がどのような関係にあるかをつかむことが重要である。Aは順接の関係。Bは逆接の関係である。
(2)直後の「というのは、……内発的なものだった」という部分に着目する。十六世紀の西洋との接触には、幕末以降とは異なって西洋文化の背後に暴力がなかったことをおさえる。
(3)「この接触」とは、前の行にある「このときの西洋接触」を指す。これを含む一文から、「この接触」の特徴がわかる。

ここに注意

(2)直後の「というのは」という接続語が、説明を加えているということを理解しよう。
(3)指示語の指している内容をおさえた上で、特徴がわかる部分を探すこと。

Step 2 解答 48～49ページ

1
(1) aオ　bウ　cア
(2) 例めざまし時計に起こされ、お日さまや空気を感じずに腕時計の時間を気にしながらせわしい朝を過ごす上、終日人工照明の中で暮らすので、日常的に自然を感じることがないから。
(3) 例賞味期限を過ぎてしまった食べ物を自分の鼻や舌や手を使ってまだ食べられるかどうか判断すること。
(4) 「生きものである」という感覚
(5) イ
(6) 科学への妄信

解説

1 (1)【a】の前の段落では「近代文明社会を一気に変換するのは難しいでしょう」とあり、空欄のあとに「ここでの提案は、まずは一人一人が……感覚を持つことから始め」とあるので、前の内容が原因・理由であとの内容が結果となる**オ**「そこで」が適切。【b】の前に「生物学に大事な役割が果たせるはずと考えています」とあり、【b】のあとに「私自身この分野で学んだがゆえに……実感するからです」とあるので、前の内容の理由をあとで説明する**ウ**「なぜなら」が適切。【c】の前の段落では「冷蔵庫から取り出したかまぼこ」の賞味期限を具体例とし、「書かれている期限」だけで判断することは「科学への盲信」なので、『感覚』で判断する」ことが重要であると述べていて、【c】のあとに「『感覚』だけではわからないことがたくさんあります。」とあるので、前の内容の不足部分を自明であるとして補足を導く副詞である**ア**「もちろん」が適切。
(2)直前に「これでは」とあるので、「これ」の指す「めざまし時計で起こされ……暮らすのが現代人の日常です」に注目する。
(3)――線部②の「『自分は**生きもの**である』という**感覚**」という言葉に注目すると、あとに同様の表現が繰り返され、筆者自身の行動を例に説明しているので、これをまとめる。
(4)「それ」は代表的な指示語である。指示語は直前からさかのぼってみるとよい。

(5) [A]のあとに「もっと『科学的』でなければいけないのではないか」とあるので、「科学的」の反対の言葉が入る。[C]直後の「目安として書かれている期限」とは「賞味期限」のことなので、「安全性」の目安となりうる。

(6) ——線部と同様の表現が直後に見つかる。

ここに注意

(1)段落の最初にある接続語については、直前の一文だけでなく、直前の段落全体の内容を受けて論を進めている場合があるので注意する。

(2)・(3)設問に「具体的」という指定があることに注意する。(2)では「私たちの日常生活は、生きものであることを実感するものになっていないから」などという抽象的な説明ではなく、具体的に説明すること。

11 要旨をつかむ

Step 1 解答 50～51ページ

1 (1) 原因…例フロン・ガスを大量に使用した(こと。)
結果…例オゾン・ホールが造り出された(こと。)

(2) 例社会と人類とに対する責任を意識しながら研究を行う(こと。)(24字)

(3) イ

解説

1 (1)「因果関係」とは、**原因と結果の関係**。「それ」(オゾン・ホール)と「フロン・ガスとの因果関係」とあるので、この二つの原因と結果の関係をとらえて表す。

(2)「行動様式」という語は、この文章の冒頭の段落にもある。その段落では、「科学者や研究者」の今までの「行動様式」を否定している。それを受けて第二段落からは、「科学者や研究者」のこれからの行動のあり方を述べている。これを本文で繰り返されている「責任」という言葉を使いながらまとめればよい。

(3)この文章は、**「科学者や研究者」の「資格」や「責任」**について述べている。科学技術が現在および将来の地球環境全体に影響を与えるほどに大きくなった今日において、「科学者や研究者」の「資格」と「責任」に対する考え方の変革の必要性を説いている。

ここに注意

(1)文章を読むときには、指示語の内容を明らかにしながら読み進める。

(2)対応している表現をおさえながら、筆者の論の展開を把握して要旨をつかもう。

Step 2 解答 52～53ページ

1 (1) Aエ　Bア

(2) ウ

(3) エ

(4) ウ

解説

1 (1) [A]の前に「娯楽は……真面目な活動に対する享楽的な活動」とあり、あとに「『生活』とは別の或るものと考えられるようになった」とあるので、前の内容をまとめる**エ**「つまり」が適切。[B]の前に「祭は他の秩序のもの、より高い秩序のものと結び附いている」とあり、あとに「生活と娯楽とは同じ秩序のものであるのに対立させられている」とあるので、前の内容と反対の内容を導く「それなのに」と同じ意味の**ア**「しかるに」が適切。

(2) [X]・[Y]の前に「**専門**という見地から**生活と娯楽**が区別される」とあるので、これらの単語に注目すると、一つ前の段落には「専門は『生活』であって、教養は専門とは別のものであり、このものは結局娯楽である」とあり、二つ前の段落には「自分の専門は娯楽でなく、娯楽というのは自分の専門以外のもの」とある。よって、「娯楽を専門とする者」にとって、「娯楽」は「生活」となってしまうということである。この矛盾を解消するため、「純粋な娯楽そのものが作られ、娯楽はいよいよ生活から離れ」るということになった。また、[Z]については、前に「生活を楽しむということ、従って」とあることに注目すると、第一段落に「娯楽というものは生活を楽しむことを知らなくなった人間がその代りに考え出したものである。それは幸福に対する近代的な代用品である」とあるので、「幸福」が入る。

(3)——線部①の段落の最初に「他の、より高い秩序から見ると、人生のあらゆる営みは、真面目な仕事も道楽も……」とあり、これが**エ**の前半と合う。さらに**エ**の後半は傍線部の前の段落に「生活と娯楽とは同じ秩序のものであるのに**対立させられている**」とあるので、本来はこれらを対立させずに考えるべきであるという筆者の主張を読み取る。

(4)最後の段落の「娯楽は単に消費的、享受的なものでなく、生産的、創造的なものでなければならぬ」と合致する**ウ**が適切。**ア**は第十段落の「娯楽が生活になり生活が娯楽にならなければならない」と、**イ**は第一段落の内容と、**エ**は——線部①以降の段落の内容とそれぞれ矛盾する。

Step 3 解答 54～55ページ

1 (1)イ

(2)原型がもっともすぐれているという考え方（19字）

(3)例歴史を経て欠損、不完全、偶然の行う不作為の芸術化作用が作品に起こり、しだいに原型が崩れて美がつくり上げられること。（57字）

解説

1 (1)——線部①は「ミロのヴィーナス」のことを指している。これは「手がない」像だが、「現在の形のままで、すぐれた芸術品」であると述べられている。**ア**は「空想で原型を考えて作りあげる」、**ウ**は「作者の思いがけないひらめきで作りあげられたもの」、**エ**は「原型に近い形に復帰することのできた」がそれぞれ不適切。

(3)前に「源泉主義は必ずしも芸術に組しない」とあり、それが「むしろ」で——線部③と接続しているので、(2)で触れた「源泉主義思想」とは反対の内容についての説明である。直後の「歴史がしだいに原型を崩して美をつくり上げた」だけでなく、最後の段落の「ミロのヴィーナスは、そういう**源泉主義に対して、欠損、不完全、偶然の行う不作為の芸術化作用**などを無言で説いている」という部分も解答に盛り込む。

ここに注意

(2)段落の最後の一文にある指示語なので、段落全体を通じて表される内容があてはまることがある。

第4章 いろいろな文章を読む

12 情報を読み解く

Step 1 解答 56～57ページ

1 (1)例人類はごく最近地球上に誕生したということ。

(2)微小

(3)例身近なことだけでなく、生命の誕生から未来まで、さらに地球や宇宙にも関心を持ち、広い視野で考えること。（50字）

解説

1 (1)Ⅰの最後で「この図を見ると、……ことが、一目瞭然です」とある。時間を視覚化することによって、生命の誕生に比べて、原人（人類）の登場がごく最近であることがはっきりわかる。

(2)図表を見るとAは、「宇宙　遠・大」に対応していることがわかる。「遠・大」と反対になる熟語を文中から探せばよい。

(3)筆者は文字情報だけでなく、図表にすることによって「私たちは時間・空間軸で原点から離れたことはあまり考え」ていないことを明確にしている。このことから、筆者が私たちに何を考えてほしいのかを読み取り、まとめよう。

ここに注意

(3)文字情報と図表を組み合わせることによって、筆者の主張が非常に効果的に表現されていることに気づくこと。図2では、時間軸が「過去」から「未来」に、空間軸が「微小」から「遠・大」に設定され、その軸上に人間の関心が展開されていることを読み解く。

Step 2 解答 58～59ページ

1 (1)aク　bウ　cオ

(2)ア×　イ〇　ウ×　エ×　オ〇

解説

1 (1) a は先生の発言から、「『とてもすばらしい』という意味で『やばい』という言い方をする」

ことが「ある」と回答した16～19歳の割合が、十年前と比べて何パーセント近く増えたかを調べる。左のグラフを見ると、その割合は平成26年度で91・5パーセント、その十年前にあたる平成16年度では71・1パーセントとなっているので、引き算をして答えを求める。[b]は「やばい」の平成16年度に注目し、「ある」と「ない」のグラフが交差し「逆転する」の年代を調べる。[c]はあとのE君とAさんの発言にある「プライベートではなくて、仕事の場所とか人前で」と「大人になって人前で使うのはあまりよくない」が「俗語」の意味の「改まった場面では用いられない」と合う。

(2)ア「学校で教えられていたので」とは述べられていない。イ平成26年度の「やばい」と「うざい」の60代と70歳以上における「ある」と回答した割合はそれぞれ非常に小さくなっている。平成16年度の割合も同様に小さくなっているので「ほとんど知られていない」と言える。ウ「俗語を使う年齢の上昇が認められる」が誤り。「うざい」のグラフを見ると、20代における「ない」と回答した割合は、平成16年度には45・0、平成26年度には49・3と上昇が認められ、「うざい」という言い方をしない人が増えていることがわかる。また、「やばい」と「うざい」以外の「俗語」に関しては今回の資料からはわからない。エ「50代以上の人は……若者の言葉遣いの乱れに嫌悪感と危機感を抱いている」とは述べられていない。オ「やばい」の逆転ポイントの「ずれ」については、Dさんの「大人になっても……なりますね」という発言より、「やばい」の言い方はある年齢のときに逆転するのではなく、新しい意味で使うようになった人たちが、歳をとって大人になり言葉の使い方を変えるようになって逆転するということがわかる。

ここに注意

グラフが表す項目に注意する。今回は「ある」と「ない」という二つの回答について、平成16年度か平成26年度か、「やばい」と「うざい」のどちらについてなのか、混同しないようにする。

13 手紙・案内・発表・討論

Step 1 解答 60～61ページ

1
(1) エ
(2) ご出席ください
(3) ア
(4) 例 当日は、午前9時50分までにおいでください。また、駐車場が狭いので、できるだけ公共の交通機関をご利用ください。なお、同封した職業体験のアンケートへのご協力も、お願いいたします。

解説

1 (1)時候のあいさつは資料集や辞典などで確認し、月ごとに使い分けられるようにするとよい。この問題では、右上の日付が10月9日になっているので、秋にふさわしいものを選ぼう。

(2)「ご（お）○○する」は謙譲語の形なので、相手に依頼するときは「ご出席して下さい」から「して」をとる。

(4)一文につき要件は一つ、と考える。一文目と二文目は元の順番のままでもよい。ただし、三つの文に分けて書き直すのであれば、優先順位を考えるほうが望ましい。各文の関係を把握し、適切な接続語を用いるとさらにわかりやすくなる。

ここに注意

(1)ア「涼風恋しい」のは暑い夏、イ「風薫る」のは五月ごろ、ウ「落ち葉舞う」のは冬である。俳句で「風薫る」は夏の季語。

(4)「内容を変えずに」という注意がある。変更が必要な部分以外はできるだけ元の語句を用いるようにしよう。

Step 2 解答 62～63ページ

1
(1) ウ
(2) うかがい
(3) エ

2
(1) 例 なぜ、そう思うのですか。(12字)
(2) 生きがい
(3) ア
(4) イ

解説

1 (1)末尾の「敬具」に対応するものを選ぶこと。

(2)――線部①「聞き」、――線部②「訪問し」ともに書き手自身が主語なので、共通の謙譲語を考える。

(3)「緊張して手伝いができないでいる私」の「背中を押してくださった」「お言葉」が入る。

ここに注意

(1)ア前略は、エ草々と対になっており、時候のあいさつなどを省略する場合に用いる。イ敬白は、「謹んで申し上げる」意で、最後に置かれ、謹啓と対応する。

(2)謙譲の意味をもつ動詞はほかにも「申す」「いただく」などよく使うものがある。

(3)文脈から、「心配するな」と元気づける言葉とわかる。アやイは慎重さをたとえる言葉、ウは物事の終わりの心構えをたとえる言葉であるから不適切である。

2 (1) A の発言を受けた青木さんは「自由に使える時間があっても……楽しめない」という、――線部①の主張の理由を述べているので、司会はその理由を問う発言をしたと考えられる。

(2) B の直前に注目し「中村さんと柳沢さんの話題」に共通する言葉を探す。

(3)宮下さんはまず「柳沢さんが……と言っていましたが」と発言し、相手の意見を踏まえた質問をしている。相手の考えに共感したりそれを言い換えたり評価したりはしていない。

(4)【宮下さんの振り返り】の「収入はもちろん大切ですが、社会の役に立つことや時間にゆとりがある生活も大切だという考え方があることを知りました」という部分から、参加者が互いの考えを聞き深め合っている様子がわかるので、イが適切。アは「一定の結論に達し」が、ウは「資料を活用し」が、エは「集団としての考えをまとめ」が、それぞれ読み取れない。

Step 3 解答　64～65ページ

1 (1) 例 四十代を境にして、三十代以下では本来とは異なる意味で使っている人が多く、五十代以上では本来の意味で使っている人が多い（58字）

(2) ア

2 (1) なぜそんな

(2) ウ

(3) 例 山頂からの眺めが、人々に、自然の雄大さを実感させる

解説

1 (1)グラフⅠの40代のところで、グラフが交差していることに着目する。このことから、40代より前とあとでどのような違いがあるのかをまとめればよい。

(2)グラフⅠを見ると、現在30代の人たちが60代になったときに、大半の人が誤った意味で「煮詰まる」という言葉を理解しているであろうと考えられる。つまり、グラフⅠは、次第にグラフⅡに近い形になる可能性が高いのである。

ここに注意

(1)グラフを比較する場合は、着目する年代を間違えないようにしよう。変化がはっきりわかるところや、ほかと異なるところが着目すべき場所である。

(2)考察を裏づけるためには、何が必要かを考えること。ここでは、考察として正しいものは、アとエである。このうち、何を調べれば裏づけを得られるか考える。

2 (3)主語を変えることで、「人々が、……実感する」が「人々に……実感させる」となる。

第5章 詩・短歌・俳句

14 詩を味わう

Step 1 解答　66～67ページ

1 (1) （第）一（連と第）二（連）

(2) ちいさな儀式

(3) エ

解説

1 (1)体言止めとは、句末や行末が体言（名詞）で終わっているもののこと。この詩では、第一連に「朝」「儀式」、第二連に「日日」という名詞で終わる行がある。

(2)「決められた過程」のたとえとしてどのような言葉が適切かを見つける。この詩ではアゲハ蝶の羽化の一連の様子を「ちいさな儀式」という比喩で表現している。これは隠喩である。

(3)この詩の文体は口語体の常体であり、表現には

難解な語句はない。「たえてしのんだ」「はじらいながら」（第二連）のようにアゲハ蝶を擬人化し、小さないのちをやさしく見つめている。

ここに注意

(1)体言とは自立語で活用がなく、主語になることができる語のこと。代名詞や数詞も体言に含まれるので注意する。

(2)比喩表現を理解することは詩の読解の大きなポイントである。どんな比喩表現が用いられているか。特に隠喩（暗喩）に注意。

Step 2 解答　68～69ページ

1

(1) イ

(2) 19（行目から）21（行目まで）

(3) 18

2

(1) 比喩（隠喩、暗喩）

(2) 2行目…エ　5行目…カ　9行目…キ

(3) 例いよいよ鉄棒の技に成功しようとする状態に近づいて興奮し、感動する気持ち。（36字）

(4) オ

(5) ウ

解説

1 (2)見たままの情景を三行にまとめて描いている部分を探すこと。8行目から18行目までは、見ている人が飛んでいる雁の状態や心について想像したり、雁の様子から感じ取れることを述べている。16行目、17行目は情景であるが、18行目は違う。

(3)一団の雁が「心でいたわり合い助け合って」「心が心を助けて」「飛んで行く」様子に作者は感動している。**「いたわり合い助け合って」いる一団の心**を、作者は18行目で表現している。

ここに注意

(1)詩の文体は文語体と口語体に分類される。形式は定型詩・自由詩・散文詩に分類される。

(2)情景を描いている部分と、作者の想像や感動を表している部分とを見分けること。

(3)感動・強意を表す終助詞「よ」に着目する。

2 (1)「鉄棒」になら「飛びつく」ことができるが、「地平線」には「飛びつく」ことができない。ここでは、**「鉄棒」を「地平線」のように見立てて表現している。**

(2)鉄棒に飛びついて上がっていく様子を具体的に想像しながら、「僕」の心情の変化に沿って考えていく。「陶酔」とは、「うっとりしてその境地に浸ること」の意味。

(3)鉄棒に飛びついた「僕」が、鉄棒の上に上がったのは8行目、9行目である。7行目にその直前の心情が表されている。

(4)鉄棒がうまくできたのであるから、**ウ**、**エ**のような不快な気持ちだとは考えにくい。**イ**は「高度な技」かどうかをこの詩では述べていないので不適切。10行目より前の文章から、この詩では「僕」が鉄棒に手をかけてぶら下がった状態から自分の力で足を上げて一回転したことで、「僕」の体が鉄棒より上の位置にきた様子が描かれている。このことを、地平線より下の位置から世界を手でつかみ、自分の力で地平線より上の位置にきた、と「僕」はとらえている。10行目で高い位置から周りの景色を見る様子を「高くからの俯瞰」と表現しているので、「僕」が両肩の筋肉の力を感じつつ（11行目）、「世界を自分の手でつかんだ」ことに感動を覚え、満足感を味わっていることがうかがえる。よって**オ**が適切。**ア**の「世界の果ての景色が見えた」について、「僕」は高いところから見えたものに対して充足感を得たわけではないので不適切。

(5)鉄棒という「地平線」に上がった「僕」の「両肩」に「柔軟な雲」がかかっている。成し遂げたという満足感でほっとしている様子が表現されている。**言葉から感じ取れる語感**にふさわしいものを選ぶこと。

ここに注意

(1)比喩表現の種類を知っておくこと。

(2)様子を具体的に想像しながら考えていくことが大切。

(3)文脈の中で部分の心情をとらえること。

(4)詩中の人物の立場になって考えられるかどうかがポイント。

(5)詩の文脈をおさえるとともに語感を大切にして考えること。

Step 1 解答 70～71ページ

1
(1) ウ
(2) イ
(3) エ

解説

1 (1) ——線部①のすぐ上にある「この夥しい蓄積」が何を指しているのかをとらえればよい。和歌や俳句の言葉は、それ以前の多くの歌人や俳人の詠んだ言葉の上に成っているということが述べられている。

(2)「かな」は詠嘆・感動の終助詞で、「～だなあ。」と現代語訳されることが多い。終助詞は文末につき、意味を加える働きをする。詠嘆・感動の終助詞にはほかに「か」「かも」「も」があるが、俳句で主に使われるのは、「かな」である。

(3)「桜」は春の季語である。季語は俳句読解のポイントであるが、わかりにくいものも多い。ここでは、松尾芭蕉やその弟子たち、小林一茶の句を挙げている。**ア**は、芭蕉の句である。「初時雨」は冬の季語である。**イ**は、『おくのほそ道』の同行者河合曾良の句である。「卯の花」は夏の季語である。**ウ**は、宝井（榎本）其角の句である。「名月」は秋の季語である。**エ**は、小林一茶の句である。「雀の子」は春の季語である。

ここに注意

(2)切れ字のついている句に、その句の感動の中心があることが多い。

(3)「初時雨」は冬、「卯の花」は夏、「名月」は秋、「雀の子」は春の季語。基本的な季語は覚えておこう。

Step 2 解答 72～73ページ

1
(1) エ
(2) 夢
(3) B命なりける　Cこの

2
(1) エ
(2) オ
(3) イ
(4) ウ

3
(1) D
(2) ① C　② B　③ D　④ A

解説

1 (1)「たが」は「誰が」、「かくは」は「このようには」、「よまんぞ」は「よむだろうか」という意味。あとの本文にある「誰がこんな言葉を思いつくだろうか」という意味を持つ。「ほかの誰もこのようによむことはできない（それほどすばらしい）」という反語表現になっている。

(2)和歌の結句「命なりける」＝「命そのものであった」の主語がAに入る。

(3)B結句として用いたとあるので、和歌の結句「命なりける」が入る。C最後の段落に『袋草紙』で俊頼が感心したとされる箇所が「現の甲斐」であり『の』の字一字のちがい」だとあるので、この助詞「の」が入る。

ここに注意

(1)反語とは、断定の意を強めるために、強調したいことと反対の内容を疑問の形にした表現。たとえば、「どうして勉強を今やらないの？」という言葉は「勉強を今やるべきだ」という意味を反語により強調したものである。

2 (1)「**蝶のふれ合う音**」など**実際にはしない**。

(2)「市」のにぎわいと、人出のほこりで空が濁っている様子と、**清らかさを感じさせる**「**朝顔**」との対照。

(3)こおろぎが覗き込んでいる「深き地中」は真っ暗である。このような行動をする「こおろぎ」には**孤独の感**がある。

(4)「火蛾」とは火に集まる蛾のことである。火を受けて鮮やかに光るりん粉を「金粉」に見立て、これを作者は「すさまじき」と感じている。

ここに注意

一語一語の意味やイメージを大切にして句を理解すること。

3 (1)「初句切れ」とは、第一句と第二句の間に意味の切れ目があること。

(2)短歌Aの「目に見ゆ」は、「目に浮かぶ」の意。作者は実際に北上川を見ているのではなく、故郷から遠く離れた土地で、故郷の北上川を目に浮かべている。Bの「かなしからずや」は、「かなしくないのであろうか」の意。「白鳥」と「空の青」・「海のあを」との対比が鮮明である。Cは、「水すまし」が流れに逆らいながら懸命に上っている姿を詠んでいる。「水すまし」は、池や川などにいる水生小昆虫。Dは、幼いころ育った故郷を潮鳴り（波の音）とともに思い出し、なつかしく思っているのである。初句「海恋し」で切れ、恋しさを強調している。

ここに注意

(1) Bは「かなしからずや」のあとで切るので、「二句切れ」。
(2) 句切れ、倒置法、対比などに着目して作者の感動の対象をとらえること。

Step 3 解答 74〜77ページ

1
(1) ア
(2) 例ドアマンに「ありがとう」と言うこと。（18字）
(3) イ
(4) 社会の効率化
(5) Aあのこ　Bストロー
Cお一人様三点限り　D二点

2
(1) A海のあい色
B淡水の帯
(2) 例長い旅を終えた春の川とそれを迎える海とが、会えた喜び。（27字）

3
(1) Aカリリッ（4字）
Bてのひら（4字）
C海の香り（4字）
(2) 例ヒマラヤは海の底であった（12字）
(3) 貝は

解説

1 (1) ——線部①と考えているのは筆者の父のこと。筆者は「ある時期からそういう父に憧れを感じるようになったが、「昔は恥ずかしかった」とも述べている。筆者は洋服で「外見を飾る」ことがない父を恥ずかしく思ったと考えられるので、**ア**が適切。**イ**の「断言する」、**ウ**の「たくさん着込んでいる」、**エ**の「気温が低い時代に生きていた」は本文から読み取れない。

(2) ——線部②のあとの「コンビニの弁当殻」を讃える「父」についても、筆者は「『さすが戦前生まれ!』みたいな、そういう感慨が生まれる」と評し、自分の父と同じくかっこよさを感じている。このことと、ドアマンに感謝を伝えたことは、あたり前だと思われている物事をポジティブに評価するという点が共通している。

(3) ——線部③のあとに「どうして飲むたびにいい気持ちにならないのかっていうと、それは『生きのびる』側ではない、『生きる』側の自分が、それに何か拒否反応を示すから」とあるので、これと対応する選択肢が解答となる。最後の段落の『生きのびる』という命題が生み出した社会の**強制力**に対して、『生きる』というもうひとつの大きな命題が要請する、戦いの意識のような感覚が**イ**の「**強制**されているような感じ」と合うので、**イ**を選ぶ。

(4) ——線部④のあとに「ぼくらの内なる、生きのびねばならぬという側の社会が要請した、『お一人様三点限り』」とあるので、「コンビニ的なるもの」は「生きのびねばならぬという側の社会が要請した」ものである。最後の段落の「『生きのびる』という命題が生み出した**社会の強制力**」であるコンビニは、第五・六段落より、「社会の効率化」の「かたまり」である。

(5) Bは最初の【b】の直後の段落にある「二段階式のストロー」から抜き出す。ほかは二つ目の【a】、【b】それぞれの直後の記述から探すことができる。

2 (1) 空欄の前後と俳句を読み比べると、Bには「川」の説明の言葉が入ることがわかる。俳句は「川と海が会えた」光景を表現したものなので、Aには「海」の説明の言葉が入ることになる。「海」については、鑑賞文の中の「やや海の方が深い色をしている」という表現がヒントになる。

(2) 「春の川」が「旅」を続け、「やっとたどり着いた終着駅」が「海」である。**川と海が会えたのを喜び合う**とある。鑑賞文は、「川」と「海」とを**擬人的に表現**して、早春の風景を説明している。

ここに注意

(1) 情景を具体的にイメージすることが大切。空欄の前後と俳句・鑑賞文の表現の対応にも注意すること。
(2) 擬人法による表現に留意してまとめること。

3 (1) Aは、あとの「音」という言葉に着目する。

Bは、「載っている」に着目すること。Cは、あとの「漂って」に着目する。また、直前の行の「太古の深い海の底で生きていた」に対応する詩の表現もヒントになる。

(2)化石が売られていたのが「高いヒマラヤ」にある国であること、石から聞こえてくるのが、「海の底をはう砂の音」であることから考える。

(3)——線部②の「自分と向き合っているかのように」という部分に着目する。

ここに注意

アンモナイトの化石とヒマラヤの関係を考えながら、作者の感動を読み取ろう。

第6章 古典を読む

16 古文の基礎

Step1 解答 78〜79ページ

1
(1) 例 見苦しく
(2) 例 何とも言うことができない

2
(1) 男
(2) ①帝　②竹取

3
(1) ウ
(2) あしき
(3) ③ゆえをいいて
④明らかにせんぞ
⑤とうとまんは
(4) イ

解説

1 (1)「あやし」には「怪し・奇し」と「賤し」の二種類あり、今回は後者である。「賤し」にはほかに「身分が低い」という意味もある。

(2)「え〜打ち消し語」で「〜(する)ことができない」という意味である。

現代語訳

(1) 身分の高い者も普通の者も低い者も、酔いすぎて、ひどく見苦しく、海のほとりでふざけあっていた。

(2) 何とも言うことができない(ほど樹木が)一面に生い茂り、たいそう恐ろしい様子である。

2 (1)傍線部のある一文は主語が省略されており、前文から主語を探す。

(2)①尊敬語が使われていることに着目する。また、「竹取が家」は「竹取の家」と訳す。②帝から遣わされた勅使に会って、帝からの言伝を聞いて泣いたのは竹取の翁である。

現代語訳

(1) 昔、男がいた。女で妻にできそうになかった人を、(男は)長年求婚したが、やっとのことで盗み出して、たいそう暗い晩に来た。

(2) この事を帝がお聞きになって、竹取の翁の家に勅使を派遣させなさる。勅使に竹取の翁が会って、泣くことかぎりない。

3 (1)「吾にしたがひて物まなばむ」(私にしたがって学ぼうとする)のだから、弟子。

(2)「よき」の終止形は「よし」。「よし—あし」が対義語である。

(3)③ワ行の「ゑ」は「エ」、語頭にない「はひふへほ」は「ワイウエオ」と発音する。④語中の「む」は「ン」と読む。⑤「たふとまん」→「たうとまん」→「とうとまん」となる。

(4)宣長の学問の方法は師であっても間違っていたら批判し、よいと思う考えを広めよということにある。自由な雰囲気をもっていたことを読み取る。

現代語訳

わたしに従って学問をする人も、わたしの没後に、またよりよい考えが出てきたときには、決してわたしの説にこだわってはいけない。わたしの説の悪い理由を述べて、よい考えを世間に広めなさい。すべて、わたしが人を教えるのは、道を明らかにしようと思うからで、ともかくも、道を明らかにすることが、わたしを生かすということなのである。道を(明らかにすることを)考えないで、むやみにわたしを尊ぶことは、わたしの本来の心ではないのだよ。

ここに注意

(1)本文は本居宣長「玉勝間」の「わがをしへ子にいましめおくやう」(わたしの教え子に教訓しておくこと)である。

(3)歴史的仮名遣いでは、語頭にないハ行やワ行の表記に注意する。

Step 2 解答　80～81ページ

1
(1)ウ
(2)かたえのひとにあいて
(3)例石清水を拝みたいということ。(14字)
(4)①係り結び　②4(箇所)
(5)①エ　②イ
(6)ア

2
(1)イ
(2)ア
(3)例他人の批判を聞いて自分の長所と短所を知る(20字)

1
(1)「まうで」は下二段活用の動詞「まうづ」の連用形であり、「①(神社や寺などに)お参りをする②(「行く」の謙譲語として)参上する」の二つの意味がある。ここでは、仁和寺の法師が一人で初めて石清水八幡宮に参拝しに行くという文脈なので**ウ**が適切。

(2)語頭ではないハ行の文字はワ行に直す。

(3)「年ごろ」とは、「長年」という意味。仁和寺の法師は、年を取るまでの長い間、石清水八幡宮に参拝したことがなかったことを、心苦しく思っていたことをおさえる。その後、とうとう石清水に参拝したときのことを、長年の願いを成し遂げてきたと人に話していることをとらえる。

(4)①「とぞ言ひける」は、本来ならば終止形の「言ひけり」で終わるべき文が、助詞「ぞ」に対応して「言ひける」と連体形で終わっている。このような文法の法則を「係り結び」という。

②文中に係り結びが使われている箇所は、「とぞ言ひける」のほかに、「尊くこそおはしけれ」「何事かありけむ」「神へ参ることこそ本意なれ」の部分である。そのため、文中では全部で四箇所となる。

(5)仁和寺の法師は、当時京から船や馬で行くことが普通であった石清水八幡宮へ「徒歩」で向かい、山のふもとの極楽寺と高良神社だけで石清水八幡宮に参詣したと勘違いして、本来の石清水八幡宮へと参詣せずに帰ってきた。そのため、この話を通して筆者は、些細なことでも、教えてくれる人物がいたほうがいいと考えていることをとらえる。

(6)強く心がひかれて「見たい・知りたい」という意味を表すク活用の形容詞「ゆかし」の連用形。

ここに注意

(4)係り結びでは、対応する動詞の活用形が終止形から変化する。助詞「ぞ・なむ・や・か」に対応すると連体形になり、助詞「こそ」に対応すると已然形になる。これにより文の内容を強調したり、疑問の意味を加えたりする。

現代語訳

仁和寺にいる(ある)法師は、年を取るまで、石清水八幡宮を参拝したことがなかったので、心苦しく思い、ある時思い立って、一人きりで、(当時は普通、京から石清水八幡宮まで船で向かうものであったのに)徒歩でお参りに行った。(石清水八幡宮がある山のふもとにあって、石清水八幡宮の付属の寺社である)極楽寺・高良神社などを参拝して、(石清水八幡宮は)これだけだと判断して帰ったのであった。そうして、仲間に会って「長年心のうちで願っていたことを、成し遂げてきました。噂に聞くよりもずっと、尊い様子でいらっしゃいました。それにしても、参詣の人々が山に登っていったのは、何があったのでしょうか、知りたいとは思いましたが、私の本来の目的は神様へ参拝することであると思い、山までは見物しませんでした」と言った。

なんでもない小さなことにも、その道の先導者はあってほしいものだ(教えてくれる存在はあったほうがいいものである)。

2
(1)(能の芸の)上手にも欠点があり、下手にも必ずよい点があるものだ、と冒頭で述べ、それを受けて、「これを見る人もなし」「主も知らず」とある。「主も知らず」の具体的内容が以下二文の「上手は……」「下手は……」であるので、「主」が能の芸の主、つまり上手と下手であることがわかる。「人」は、「主」以外の人々のこと。

(2)「名」は「名声」。「頼む」は「頼みにする。あてにする」の意。ここでは、名声をあてにする、つまり、上手であるという名声を過信するということ。

(3)上手も下手もそれぞれ欠点があるから、それをどのように克服するか。「されば」以下を指定の字数でまとめればよい。

ここに注意

(1)「主」には「本人」「主人」など多くの意味があるが、文脈を丁寧に追って判断する。
(2)傍線部が原因の一つとなって、上手は「悪き所を知らず」となるのである。
(3)最後の一文が結論となっていることを理解する。

現代語訳

そもそも、わざのすぐれた者にも欠点があり、下手な者にもよいところは必ずあるものだ。(しかし、)これを見分ける人もいない。(また)本人も(それが)わからない。上手は、名声を過信し、芸達者であることに惑わされて、欠点に気がつかない。下手は、元々工夫をしないから、欠点もわからないし、よいところがたまたまあっても(それに)気がつかない。だから、上手も下手も、どちらも自分の欠点やよいところを人に尋ねるべきだ。

17 古文を味わう

Step 1 解答 82〜83ページ

1
(1) ようよう
(2) ②ウ ③イ ⑤エ ⑥ア ⑦オ
(3) 例 烏は詩情のある鳥ではないが、その鳥でさえしみじみとした趣を感じさせるのだから、古くから詩歌によまれてきた雁にはいっそう情趣を感じる。
(4) 例 幼くて小さなもの。

解説

1 (2)「をかし」「あはれなり」は共に情趣があるさまを表しているが、「をかし」が理知的で明るいものであるのに対し、「あはれなり」は情緒的でしみじみとしたものである。

(3)「まいて」は「まして」に同じ。一般的には情趣のある鳥ではない烏を「あはれなり」と表現したのは、作者の清少納言独特の感性であろう。まして古来詩歌に詠まれてきた雁はなおいっそう情趣がある。

現代語訳

春はあけぼの(が趣がある)。だんだん白っぽくなっていく山ぎわが光を増して、紫がかった雲が細くたなびいている(のは趣がある)。

夏は夜(が趣がある)。月の明るいころは言うまでもなく、闇夜でもやはり、蛍がたくさん飛び交っている(のは趣がある)。また、ほんの一匹二匹などが、かすかに光って飛んでいくのも趣がある。雨などが降るのも趣がある。

秋は夕暮れ(が趣がある)。夕日がさして山の端にとても近くなっているころに、烏がねぐらに帰るというので、三羽四羽、二羽三羽と群がってせわしげに飛び急ぐ姿までしみじみと心ひかれる。まして雁などが列をつくっているのが、たいへん小さく見えるのは、とても趣深い。日がすっかり沈んでしまって、風の音や、虫の音など(が聞こえてくるの)も、また言うまでもない。

冬は早朝(が趣がある)。雪が降っているのは言うまでもないが、霜が真っ白なのも、またそうでなくてもとても寒いときに、火など急いでおこして、炭火を(あちこちへと)持っていくのも、(冬の朝に)とても似つかわしい。昼になって、(寒さが)しだいにゆるんで暖かくなっていくと、火鉢の火も、白い灰ばかりになってよくない。(第一段)

かわいらしいもの。白い瓜にかいてある幼児の顔。雀の子が、ねずみの鳴きまねをして呼ぶと踊るようにしてくるの。二歳か三歳くらいの幼児が、急いではってくる道に、とても小さい塵があるのを、目ざとく見つけて、とてもかわいらしい指につまんで、大人一人一人に見せているのは、とてもかわいらしい。(第一四五段)

ここに注意

(1) auをôと読む語には、ほかに「まうす」（申す）などがある。
(2)② 「をかし」と③「あはれなり」は共に「趣が深い・風情がある」「すばらしい・美しい」と現代語訳されるが、「をかし」が理知的で明るい感興を表すのに対し、「あはれなり」はしみじみと深く心に受け止めた感動を表すという違いを覚えておくとよい。「枕草子」は「をかしの文学」といわれる。これに対し、紫式部の書いた「源氏物語」は「あはれの文学」といわれる。
(3) 雁は古くから歌に詠まれ、趣があるとされた鳥である。
(4) 「うつくし」は重要古語。平安時代は小さなもの、幼いもの、弱いものに対して「かわいらしい・愛らしい」という意味で用いられた。

Step 2 解答　84～85ページ

1
(1) イ
(2) ① 白
② 例 年を取って古くなってしまったということ。
(3) 例 自分の歌の中に「としより」（俊頼）と詠み込んでいたから。

2
(1) 月
(2) 目にも見えぬもの
(3) ア

3
(1) 例 十二支の午という文字の縦棒が突き抜けると牛という文字になる（29字）

解説

1
(1) 歌会で歌を読み上げる役が講師で、この会では兼昌が務めている。「御名はいかに」とこっそりと言ったのが兼昌であることをつかむ。
(2) ① 文中の歌第三句目までから、卯の花が白髪にも見える色をしていることがわかる。
② 「としより」は、「年寄り」（年老いる）。
(3) 「としより」が「年寄り」と「俊頼」の掛詞になっている。

現代語訳

法性寺殿のところで歌の会が行われたとき、俊頼朝臣も参上した。兼昌が講師として歌を読み上げる際に、俊頼が自分の歌に名を書いていなかったので、（兼昌は俊頼に）目を向けて咳払いをして、「お名前はどうしたのですか」とこっそりと言ったところ、（俊頼は）「とにかくお読みください」とおっしゃったので読んだ歌に、

卯の花の身のしらがとも見ゆるかな賤が垣根もとしよりにけり

〔卯の花が、我が身の白髪にも見えることだよ。私の家の垣根も私（俊頼）と同じく年老いてしまったのだなあ。〕

と書いてあったので、兼昌は声を忍ばせて泣いて、しきりにうなずいては、感心してほめたのであった。

ここに注意

(1) 登場人物として名前が出ているのは兼昌と俊頼の二人であることをおさえる。
(2) ① 「しらが」（白髪）に着目しよう。「卯の花―白髪」の連想はよくある。② 「しらが」「としより」と続く流れを読み取る。

2
(1) 殿は何をしていたか読み取る。
(2) 「まゐりわた」されたのは格子である。それを下ろしたのは何者かを、直後の記述から考える。
(3) 「目にも見えぬもの」に「さぶらふ人々は怖ぢさわ」ぐが、殿はどうであったか読み取る。

現代語訳

月の明るい夜に、格子も下ろさず、（殿が月を）鑑賞なさっていたところ、目に見えない何者かが、（格子を）はらはらと全部下ろしてしまったので、おそばに控えていた人々は恐れて騒いでいたけれども、殿は、少しも驚かれないで、枕元にある太刀を引き抜きなさって、「月を見るために上げておいた格子を下ろすとは、何者がしたのか。とても不都合なことだ。もとのようにすっかり上げよ。さもなくば、きっとひどい目にあうぞ」とおっしゃったので、すぐにもとのようにすっかり上げたりなど、少しも気持ちの静まらないいろいろなことがございました。

ここに注意

(1) 月の明るい夜に、殿が月を眺めていたこと

をおさえる。
(2)格子を上げたのは、殿に「もとのやうに上げわたせ」と言われた者であることを読み取る。

3 (1)文字遊びの類い。「馬」が十二支の「午」に結びつくかがポイント。

現代語訳

孔子が、弟子たちをつれて、道を歩いていらっしゃると、垣根から、馬が、頭を出していたのを（孔子が）見て、「牛だよ」とおっしゃったので、弟子たちは不思議だなと思って、何か理由があるのだろうと思って、道中、孔子の考えを知ろうと思っていると、顔回という孔子の一番弟子が、一里（約四キロメートル）行ったところで、理解した様子で、「十二支の午という文字が、頭を出して書いてあるのが、牛という文字であるので、我々の推理力を見ようと、（先生は）おっしゃったのだなあ」と思って、（孔子に）お尋ね申し上げると、（孔子は）「そう、そのとおり」とお答えになった。

ここに注意

(1)孔子は中国春秋時代の思想家で儒家の祖。日本の思想にも大きな影響を与えた。十二支は年月や時刻・方角を表すときに用いられる

18 漢文の基礎

Step 1 解答　86～87ページ

1 (1)例鋭いこと
(2)とおさざる
(3)し
(4)陥サバ二子之盾一ヲ何如
(5)例盾が矛を防げば矛が無敵ではなくなり、矛が盾を陥せば盾が無敵ではなくなって、どちらにしても自分の言葉が成立しなくなるから。
(6)イ

解説

1 (1)「矛の利きこと」が「盾の堅きこと」に対応していることから、「利し」の意味が推測できる。「鋭利」の「利」は、ここでの「利」の意味と同じ。
(2)歴史的仮名遣いでは、語頭にない「はひふへほ」は「ワイウエオ」と読む。
(3)「子」はここでは「し」と読み、男性を敬って言うときに使う言葉。
(4)ここでは、書き下し文から、「盾」の次に「陥」を読むときに文字の上下が逆だとわかる。間に一文字以上あると「一・二点」を使うので、下にある「盾」の左下に「一」を、上の「陥」には「二」を書けばよい。
(5)「楚人」が、盾と矛を売っていた人物であることをおさえ、盾と矛についてどのように誉めていたのかを考えよう。
(6)「矛盾」は、この故事から生まれた言葉である。楚人の言う矛と盾についての説明が食い違うように、筋道が通らず、つじつまが合わないときに使う。

現代語訳

楚の国の人で盾と矛とを売っている人がいた。（その人が）売り物の盾を誉めて言うことには、「私の盾は堅固で、どんな物も突きとおすことはできません」と。また、その矛を誉めて言うことには、「私の矛は鋭利で、どんな物も突きとおすことができます」と。（それを見ていた）ある人が言うことには、「あなたの矛で、あなたの盾を突いたらどうですか」と。（すると）その人は返事ができなかった。

ここに注意

(4)上から下へ読むときには返り点は必要ない。「何如」はそのままでよい。

Step 2 解答　88～89ページ

1 (1)解ギ二素衣一ヲ
(2)例出かけたときと着ている服が変わっていた（19字）
(3)子扑つこと

2 (1)①といていわく　②ア
(2)老馬
(3)貪リ二其ノ力一ヲ

(4) A 例 老馬を高価なもので買い取った
　B 例 年老いた者を大切にする

3
(1) 送ル二郭 司 倉ヲ一
(2) 郭司倉
(3) A明月　B春潮
(4) 例 友との別れを惜しむ（気持ち。）（9字）

解説

1
(1)「衣」から、間に「素」をはさんで「解」に返るので、一・二点を用いる。
(2)「素衣を衣て出づ」と「緇衣を衣て反る」の対応に気づこう。雨のため外出先で服を着替えたのである。
(3)会話文なので、「曰はく」に着目する。

現代語訳

楊朱の弟を楊布といった。（その楊布が）白い服を着て家を出た。（すると）雨が降った。（そこで楊布は）白い服を脱いで黒い服を着て家に帰った。彼の家の犬は（楊布と）気づかず、彼に吠えた。楊布は怒って犬をたたこうとした。楊朱が言うことには、「おまえはたたいてはいけない。おまえだってやはり同じことだろう。出かける前におまえの犬が白い姿で出かけて、黒くなって帰ってきたら、どうして怪しまないでいられようか（いや怪しむよ）。」と。

ここに注意

(2)犬が楊布を見たのは出かけたときと帰ったときであるから、この間の変化を必ず書くこと。

2
(1)①は基本問題。語頭にない「はひふへほ」の仮名遣いは必須である。②前の一文がヒントになる。
(2)「これ何の馬ぞや。」という問いに対する答えであるから、馬についての会話とわかる。
(3)「力」から、間に「其」をはさんで「貪」に返るので、一・二点を用いる。
(4)直前に「これを聞き」とあり、「これ」の指示内容が「[A]という行動」にあたる。

現代語訳

田子方が、（道ばたで）老馬を目にし、心を痛めてため息をついた。そこで自分の御者に尋ねて言うことには、「これはどういう馬か」と。御者が言うことには、「これはもともと役所の馬です。老い衰えて役に立たなくなったので、売り出しているのです。」と。田子方が言うことには、「若いときにはその馬の力を散々利用して、年老いたら捨ててしまうなど、徳のある人はしないことだ。」と。（そこで）高価な白絹でその馬を買い取った。
年老いた武人たちは、この話を聞いて、この人こそ心を寄せられる人だと思った。

ここに注意

(4)字数制限はないが、ポイントをおさえて簡潔に述べたい。ⓓは、「老いて其の身を棄つること、仁者は為さざるなり。」として行った田子方の行動が、年老いた武人たちの心に響いたのである。

3
(1)よく出る問題。「倉」から間に「郭」と「司」をはさんで「送」に返るので、一・二点を用いる。
(2)「騎上の人を引き留める」とあり、騎上の人が「転任する友人」とわかる。なお「騎上の人」は、馬に乗った人という意味。
(3)解説文の「対に並べられた」がヒントになる。
(4)詩が作られた場面を踏まえて、第二句に注目しよう。また、解説文の後ろから二行目をおさえよう。

現代語訳

淮水の緑は門辺に映え
宴の主人（である私）は、別れがつらくて
騎上の君を引き止めた
名月が立派な役人である君に付き従って
見えなくなったとき
川の流れが夜ごと水かさを増すように、
私の悲しみも深くなる

ここに注意

(2)漢詩の詩題は、詩が作られた状況を説明したものが多い。注意しよう。

(3) Aでは「清らかな……イメージ」がどの語句に最もよく表現されているか考えよう。選んだ言葉が対になっているかどうか確認しよう。

19 漢文を味わう

Step 1 解答 90～91ページ

1
(1) 五言律詩
(2) 対句
(3) 韻（を踏む）
(4) 不
(5) 例 捕らわれの身で、家族の安否さえわからないつらい気持ち。（27字）

解説

(1) 一句が五文字で、それが八句ある。
(2) たとえば、「感時」と「恨別」、「花」と「鳥」、「濺涙」と「驚心」のように、構造や品詞が同じで、意味が対になっている二句を並べたものを対句という。漢文では日本の文章よりも対句がはっきりしているのでわかりやすい。
(3) 五言詩では、偶数句の最後の文字を同じ母音でそろえる。これを押韻、韻を踏むといい、その漢字を韻字または脚韻と呼ぶ。ここでは、「深」「心」「金」「簪」と韻を踏んでいる。
(4) 「ざら」は打ち消しの助動詞「ず」の未然形。
(5) 戦乱の中で軟禁状態にある作者にとって、家族からの手紙はなかなか届かず非常に貴重である。長く続く戦いは終わる気配もなく、家族と再会する希望はかなえられそうもない状況である。

現代語訳

国は破壊されて見る影もないが、山河は変わらずある
都長安は今年も春を迎え、草木は青々と生い茂っている
この時世に心を痛め、花を見てもはらはらと涙を流し
家族との別れを恨み悲しんで、鳥の声や羽音にもはっとする
戦いの合図ののろしはもう何か月も続いて
家族からの手紙はどんな高額の金にも換えがたいほど貴重だ
思いがこみ上げて頭を掻きむしれば　白髪はいっそう抜け落ち短くなって
簪など挿せそうにないくらいだ

ここに注意

(5) 字数が限られているので、あまり具体的には述べにくい。作者の状況と家族への思いをまとめよう。

Step 2 解答 92～93ページ

1
(1) 有レ欲二依　附一
(2) イ
(3) 賊追ひて至る
(4) 名前…華歆
理由…例 一度受け入れた人を最後まで見捨てない（18字）

2
(1) ⓐエ　ⓑイ
(2) ウ
(3) A秦西巴
B例 無断で母ジカに返した（10字）
(4) オ

解説

1
(1) 「附」から「欲」の間には「依」があるので一・二点を用い、「有」は「欲」のすぐ上なのでレ点を用いる。
(2) 「可」は可能の意味。「ざら」は打ち消しの助動詞「ず」。「何すれぞ～ん」で反語（「どうして～であろうか。いや～でない」の意味）を表している。
(3) 「急をもつて捨つ」とあることから、前の「王朗携へし所の人を捨てんと欲す」に着目し、王朗が「携へし所の人」を捨てようとした理由をおさえる。
(4) 理由の説明文にある「先の見通しがきき」とは誰のことかを考えよう。

現代語訳

華歆と王朗が一緒に船に乗って避難した。そのとき連れて行ってほしいと願う者がいた。華歆はこれを拒否した。王朗が言うには、「幸いなことに船は広い。どうして連れて行ってやれないことがあろうか（連れて行ってや

れるではないか）」と。（そこでその人を乗せてやった。）その後、賊が追いついたとき、王朗は連れてきた人を見捨てようとした。華歆が言うには「はじめに連れて行くことをためらった理由は、まさにこのことを考えたからであったのだ。すでにこの人の頼みを受け入れた以上、どうして緊急事態だからといって見捨てることができようか（できるはずがない）」と。（こうして）結局はもとどおり（その人と）一緒に行ったのであった。世の中の人々はこのことで華歆と王朗の優劣を判断したのである。

ここに注意

⑴訓点をつけるときは返り点と送り仮名が必要だが、ここでは返り点だけをつければよい。

2
⑴まず時間・場所・登場人物を整理する。第一段落は、狩りから帰る場面と帰ってからの場面に分かれる。第二段落はその三か月後のことである。それぞれの場面で、何が登場し、それらがどのように関わり合うかに注目して、指示語を考えよう。
⑵前段落を踏まえて考えると、同じ行にある「不忍麑」は、「子ジカにもむごいことができない」という意味だとわかる。
⑶孟孫と秦西巴の関係と、狩りで得た麑（子ジカ）が誰のものかを考えるとよい。
⑷追放した秦西巴を呼び戻して我が子の養育係にした理由を御者に聞かれたことに対する孟孫の言葉に理由が述べられている。

現代語訳

孟孫が狩りをして子ジカを手に入れた。（家臣の）秦西巴に命じてこの子ジカを車に載せて持ち帰らせた。するとその子ジカの母がそのあとをついて来て啼く。秦西巴はかわいそうに思ってその母ジカに返してやった。孟孫は屋敷に帰ってから子ジカを求めた。（秦西巴が）答えて言うには、「私はかわいそうに思って、その母ジカに与えました。」と。（それで）孟孫は非常に怒って秦西巴を追放した。

三か月して、また（秦西巴を）召して、我が子の養育係にした。孟孫の御者が言うことには、「以前秦西巴を罰しようとなさり、今度は彼をお子さまの養育係にしようとなさるのは、どうしてですか。」と。孟孫の言うことには、「そもそも子ジカにむごくできないのだから、ましてどうして私の子にむごくすることがあるだろうか（むごく当たることはないはずだ）。」と。

ここに注意

⑴——線部ⓐのあとの秦西巴の言葉に「不忍而与其母」とあり、内容的に重なることをヒントにしよう。
⑵「忍」が耐える、我慢するの意味だけであると決めつけてはいけない。文脈をおさえて、意味を考えるようにすること。
⑶文章から、秦西巴は孟孫に無断で子ジカを逃がしたことがわかる。それも理由に加えること。

Step 3 解答　94〜97ページ

1
⑴ 例 詩の中の落花が日本人の好きな桜を連想させるから。（24字）
⑵ エ
⑶ ア
⑷ すてきなもの、すぐれたものということを象徴している（という点。）（25字）

2
⑴ エ
⑵ イ
⑶ 例 馬を借りた代金（7字）
⑷ この馬（馬のと）
⑸ 放㆓老 馬㆒而 随㆑之
⑹ A 情
B 伐
C 例 知恵（2字）

解説

1
⑴詩句の内容を解説したあとで、この詩が日本人に受けた理由を筆者は「日本人が桜の花をいつの間にかとても愛するようになったから」と述べていることをおさえる。その上で、詩句の「花を踏んでは」の「花」は、春に花を咲かせ、散っている花として桜を思い起こさせたために、日本人に愛されたということをまとめる。
⑵在原業平の歌は、お祝いの歌にもかかわらず、

『散る、曇る、老いらく』ということば」が上の句で使われており、一見してお祝いとして不適切な歌であるかと思いきや、「下の句で全部引っ繰り返し」た上で「最後のところでまことにみごとなお祝いの歌になっている」という作りが珍しいと述べられている。

(3)**ア**の「思わく」は、「思ふ」という動詞が「思うこと・見込み」という意味の名詞になった語であり、これが適切。**イ**は、「おそる」という動詞が転じて「おそらく」という副詞になった語。**ウ**は「根付く」という動詞の連体形であり、**エ**は接続助詞「も」に接続する動詞「行く」の連体形であるため、ともに名詞ではない。

(4)「花」という言葉に「桜」という意味だけではなく、「ある人物のもっている雰囲気とか心映え、そういうもの全体を指して、何となくではあるが明らかに感じられるもの、そのよさ」という意味もある。このように使われる理由が、あとで「花ということばそのものが、日本人に与える一つの感じとしてはっきりと、すてきなもの、すぐれたものということを象徴している」と述べられていることをおさえる。

ここに注意

(2)上の句だけ見ればお祝いの歌とは思えない在原業平の歌が、どのような手腕でお祝いの歌としてふさわしいものになっているかを丁寧に読み取ろう。

(4)桜のような植物としての花だけでなく、なんとなく感じられる華やかさを表す語としても「花」という語が使われることをとらえる。

2

(1)「嘆き寄」った相手である「草刈る男」＝「野夫」の言葉に「旅人」とある。「おくのほそ道」で旅をしているのは作者の芭蕉とその弟子の曾良。古文では主語が省略されることが多いので、そのつど文脈に応じて補うようにする。

(2)直前に「聞きなれぬ名」とあり、それが「やさしかりければ」とあることから考える。「やさし」はここでは「優美だ」の意味。

(3)「草刈る男」の言葉に「旅人の道踏みたがへん」、「馬のとどまる所にて馬を返したまへ」とあることから、男が芭蕉らに馬を貸してくれたことがわかる。「価」はその親切に対する礼金である。

(4)——線部③の直後に「乃ち……」とあることから、実際にどう行動したかがわかる。ここでは、馬は道を知るものとして描かれている。

(6)[C]は考えて書く。「老馬の智用ふべし」を参考にすると「智（知）」を含む言葉が連想されるだろう。また、ここではどちらも道を知る馬に助けられていることを踏まえて、二字から四字で考えるとよい。解答例以外にも、「道案内」などが考えられる。

現代語訳

【Ⅰ】那須の黒羽という所に知人がいるので、ここから野を越えるにあたって、まっすぐな近道を行こうとする。はるかむこうに一つの村を見つけて行くと、雨が降り日も暮れてしまった。（そこで、）農夫の家に一夜の宿を借りて、夜が明けたのでまた野中を歩いていく。そこには放し飼いの馬がいた。草を刈る男に近づいて切に泣きつくと、野夫とはいってもやはり人情を知らないわけではない。（男は）「どうしようか（案内してやるわけにはいかないし）。そうはいってもこの野は道が四方八方に分かれていて、土地に不案内な旅人は道を間違えてしまうだろう、それが心配ですので、（馬を貸すから）この馬が立ち止まったところで馬をお返しください」と、（馬を）貸してくれました。幼い子どもが二人、馬の後ろを追いかけて走ってついてくる。その一人は少女で、名前を「かさね」という。聞きなれない名が優美に感じられたので、（曾良が）詠んだ。）

かさねとは八重撫子の名なるべし　曾良

〔「かさね」という上品な名前は、「重ね」という文字から花で言えば、さしずめ、乙女にふさわしい八重撫子の名前であろう。〕

間もなく人里に着いたので、（馬を借りた）代金を鞍壺に結び付けて馬を返した。

【Ⅱ】管仲と隰朋が、斉の桓公に従って孤竹という国を討伐し、春に出発して冬に（なって）帰還した。その途中で迷って道がわからなくなった。管仲が言うことには、「老馬の知恵を使おう。」と。そこで老馬の手綱を放して自由に行かせ、そのあとに従って進み、ついに道がわかったのであった。

ここに注意

(2)直前の「やさし」から、エを選ばないこと。同じ言葉でも、古文と現代文とではしばしば意味が異なる。また、少女たちは「馬の跡慕ひて」ついてきたのであって、親切な行いをしたとは書かれていない。

(5)漢文と書き下し文をきちんと対照させること。「而」は訓読では読まない字（置き字）である。この字の上の三字と下の二字は別々に考えるとよい。

高校入試総仕上げテスト①

解答　98〜101ページ

❶

(1)ぞろぞろ（と）

(2)例煮炊きして食事し、天幕を張って寝る（17字）

(3)A吹雪　B必死の気持ち　C視線

(4)例（氷骨によって）橇を動かすのに苦労したが、前隊の進路を知る手掛かりになった（ということ。）（29字）

(5)犬は嗅覚で走る（もの）（7字）

❷

(1)例（表面が変わったモノやひとに）接するひとの気分が変わり、取り扱いが変わって、関係が変わってしまうという変化。

(2)大切な存在

(3)ウ

(4)例自分が大事にされていると感じられるものがよいデザインで、自尊心も、他人から大切にされ、ていねいに扱われているという体験を折り重ねることから生まれてくる。（76字）

解説

❶(1)擬態語は、物事の状態や動きを、それらしく表現した語のこと。「複数の生き物」から、犬の描写に注意しよう。

(2)「二人の様子や会話を踏まえて」考えて答える問題。書かれているのは、後隊には天幕、食糧、石油、寝袋、前隊には天幕の支柱、コンパス、コンロがあることであり、したがって「二台の橇を合わせてこそ、やっと一通りの機能があるのだ」ということになる。空欄のあとの文にコンパスのことがあるので、空欄にはそれ以外のものでできることが入ることになる。コンロは調理に使うと考えられるので、解答例ではコンロと食糧を使って調理し、食事することを「煮炊きして食事し」と表現した。

(3)Aは、「擬人法」から人間以外のものであるとわかり、下に「脅威」とあることから、――線部の「白」が何を表す二字かを考えよう。Bは、直後に「で」とあることから手段か気持ちとわかる。ここでは手段に言及する記述はなく、部長の気持ちであるとわかる。「迷うより停滞していたほうがまし」という状況の中で、後隊の者の命を預かる部長の気持ちを六字をヒントに探そう。Cは前後から「目」という言葉が思い浮かべられる。これに相当する二字の言葉を探そう。

(4)まず橇を動かす際に「氷骨」に「よほど気をつけなければならなかった」とあり、それが損失である。一方で、部長が一つの氷骨を指して「ここを通ったことは間違いない」と言い、前隊の追跡が始まる。手がかりとして利益なのである。

(5)犬が走ることについて触れているところを探そう。「嗅覚」がにおいを鼻で感じる感覚であることは言うまでもない。

ここに注意

(3)A二字では「氷骨」もあるが、「すべてを……支配下に置」くものではない。

(4)前隊が氷骨に橇で乗り上げたという記述があるが、ここでは後隊について問われているので混同しないようにしよう。

❷(1)次の段落に筆者の理解が述べられている。

(2)直前の「それほど」が受けているのは、「他人に大事にされてきた」「ていねいに扱われている」という部分であり、深澤さんの言葉からこれに重なる内容を探そう。

(3)――線部②のあとの部分と、それまでの「自尊心」に関する考えなどを総合して判断する。

(4)第八段落の冒頭に「人間についてもきっと、同じことが言えるのだろう」とあるのに注目。「よいデザイン」と「自尊心」の関係はここで明らかになる。

ここに注意

(1)次段落の「つまり」以後だけでは「変化」

の中身が伝わらない。字数制限がないので、その前の具体的な変化から書くようにしたい。
(3)エはまぎらわしいが、「人情」にあたる内容が含まれないので不適切である。
(4)「よいデザイン」と「自尊心」のかかわりは、「同じことが言える」、つまり類似性があるということである。前者については第五段落、後者については第八段落から、筆者が考えていることをまとめる。

高校入試総仕上げテスト❷

解答 102〜104ページ

❶
(1)イ
(2)例和歌で表現される「心」と、通常の現実的な心。(22字)
(3)まだ十二月だというのに、立春が来てしまった。
(4)例年内にやってきた春を歓迎する役どころを身体的な所作をほうふつさせる言葉で演じたところ。(43字)

❷
A例鳥取県のどのようなことについてお調べですか。
B例です
C例お尋ねください

解説

❶(1)「落花を哀惜する」とは「(桜の)花が散ることを悲しみ惜しむ」ことである。桜の花が散っている情景を詠んでいるのは**イ**である。
(2)直前に「その」とあり、これは「和歌の心と現実の心」を指す。指定の字数に合うように、それぞれ適切な同意の言葉を文中から抜き出してまとめる。
(3)和歌のあとに、これを説明した部分がある。「年の内」は年が明けない内、すなわち、「まだ十二月だというのに」と対応する「春」は新春、ここでは、その最初の日「立春」を意味する。「……にけり」は完了・詠嘆の助動詞で、「……になってしまったなあ」と訳す。
(4)この最後の段落は、「春がやってきた喜びを表現」する元方の言葉と、身体の関係が述べられている。具体的には、「身体的な所作をほうふつとさせ、そういう想像とともに味わう」の部分をおさえる。

❷ Aあとに「もっと本がしぼれたでしょうね」とあるので、本がしぼれるような質問を考えるとよい。
B丁寧語の言い切りの形にする。「でございます」でもよい。
C相手の動作には、尊敬語を使う。「伺う」は「聞く」の謙譲語であるから、動作主が相手のときには使わない。解答は「お尋ねください」のほかに、「お聞きください」でもよい。

ここに注意

日常生活や社会生活にかかわることなどについて、目的や場面に応じて話す能力を身につけることが必要である。ここでは、相手の要求するものに対して適切な対応ができているか、また、敬語の正しい使い方ができているかが問われている。尊敬語と謙譲語の使い方はよく間違えるので、注意が必要である。

- 尊敬語と謙譲語の違い
尊敬語…動作主を敬う
謙譲語…動作主を低める
- 特別な尊敬語
おっしゃる(言う)・召し上がる(食べる)・ご覧になる(見る)・なさる・あそばす(する)
- 特別な謙譲語
申し上げる(言う)・いただく(食べる)・参る(行く・来る)・拝見する(見る)